LES ACTIVITÉS D'ÉVEIL DES TOUT-PETITS

Je remercie toute ma famille pour son soutien indéfectible
ainsi que toutes les personnes qui ont permis à ce livre d'exister.

Aldjia Benammar

LES ACTIVITÉS D'ÉVEIL DES TOUT-PETITS

Illustrations de
Laurence Schluth

FLEURUS
Puériculture
www.fleuruseditions.com

Sommaire

Âge conseillé pour les activités :
- 0 à 1 an
- 1 à 2 ans
- 2 à 3 ans
- 3 ans et +

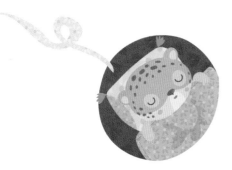

Introduction

Dès la naissance, Bébé est curieux d'explorer son environnement et c'est à vous, parents, grands-parents ou encore professionnels de la petite enfance, de l'aider à appréhender le monde, d'alimenter sa soif de découverte et de l'encourager chaque jour à devenir un peu plus autonome.

Pour satisfaire ses attentes, proposez à votre enfant des activités variées pour qu'il découvre son corps, développe son attention et sa sensibilité. Incitez-le à faire travailler son imagination et à communiquer.

Plus de 200 activités, adaptées à l'âge et aux besoins de votre tout-petit, vous sont ici proposées. Ces activités prennent en compte le développement moteur, émotionnel et intellectuel des enfants de la naissance à 3 ans. Cependant, comme chacun est unique et évolue à son propre rythme, il est indispensable que vous vous adaptiez à ses capacités pour l'aider à s'éveiller en douceur. N'hésitez pas à recommencer plusieurs fois certaines activités : la répétition est essentielle dans le processus d'apprentissage.

Un seul maître mot : le plaisir ! Jouer, s'amuser, est essentiel pour donner envie au tout-petit de découvrir quotidiennement de nouvelles choses. Partagez ces moments privilégiés avec lui, invitez-le à s'exprimer et soyez à l'écoute de ses réactions : ces séances sont l'occasion d'apprendre à mieux connaître votre enfant.

Très vite, Bébé acquiert de nouvelles aptitudes. Encouragez-le et félicitez-le pour chaque progrès accompli. Soutenez-le : votre regard bienveillant le motive et le remplit de fierté !

Accompagnez votre tout-petit pour l'éveiller et l'émerveiller !

 **Conseil**

Pour des raisons de sécurité, ne laissez jamais votre enfant seul. Toutes les activités doivent s'effectuer sous votre surveillance constante.

Moi et mon corps

Au cours des premières années, l'enfant apprend à connaître son corps et se construit une identité propre.

Très tôt, le tout-petit découvre son potentiel grâce à ses expériences et au soutien bienveillant de son entourage : il joue avec ses mains, roule sur lui-même, marche à quatre pattes, explore son reflet dans un miroir, observe et imite ses compagnons de jeux, etc.

Les jeunes enfants se livrent à ces expériences motrices de façon naturelle en réponse à un besoin vital de mouvement.

À vous cependant de stimuler votre enfant, de l'encourager pour l'aider à développer de nouvelles aptitudes !

dès la naissance · **durée : 5 min**

Jeux de chatouilles

Les jeux de chatouilles sont des comptines à gestes, qui s'accompagnent d'une stimulation tactile et d'une onomatopée amusante (« guili-guili »). Les petits apprécient particulièrement ces comptines qui leur permettent de percevoir leur corps... et qui les font beaucoup rire.

Activité

1 Chantonnez la comptine en effectuant les gestes associés sur le corps de votre enfant. Si vous ne connaissez pas l'air, pas d'inquiétude, il suffit de rythmer un peu les paroles, pour attirer l'attention de votre enfant.

2 Votre enfant vous demandera certainement de répéter ce jeu. Recommencez, mais sans chanter trop vite, afin de lui permettre de se préparer à recevoir la chatouille.

La petite bête qui monte, qui monte

Dans mon jardin *(Faites le tour de la main, tout entière.)*
Il y a un bassin *(Faites le tour de la paume de la main.)*
Dans mon bassin *(Faites le tour de la paume de la main.)*
Il y a une petite bête *(Faites gigoter vos doigts dans la paume de la main.)*
Qui monte, qui monte... *(Faites courir vos doigts le long du bras.)*
Guili-guili ! *(Chatouillez le cou.)*

Dans le jardin de ma grand-mère

Dans le jardin de ma grand-mère, il y a... *(Faites le tour de la main.)*
Des choux *(Pincez le pouce.)*
Des navets *(Pincez l'index.)*
Des carottes *(Pincez le majeur.)*
Des poireaux *(Pincez l'annulaire.)*
Des pommes de terre *(Pincez l'auriculaire.)*
Et une rivière qui coule, qui coule... *(Faites courir vos doigts le long du bras, en partant de l'auriculaire.)*
Guili-guili ! *(Chatouillez le cou.)*

Variante · **18 mois et +**

Dans le jardin de la sorcière, il y a des cafards...

N'hésitez pas à changer les paroles des comptines, pour en créer de nouvelles, ou à transformer la comptine en « jeu de doigts de pieds », pour chatouiller les pieds de Bébé.

dès 4 mois **durée : 10 min**

Jeux de visage

Grâce à une comptine et une mise en scène amusante, l'enfant fait appel à son imagination et prend plaisir à découvrir le visage de l'adulte et le sien.

 **Variante** **18 mois et +**

Découvrir son reflet
Installez-vous avec votre enfant devant un miroir pour qu'il puisse explorer son propre visage à la fois par la vue et le toucher (voir aussi « Miroir, mon beau miroir », p. 14).

Activité

1 Commencez par chanter la comptine en effectuant les gestes associés sur votre visage. Si vous ne connaissez pas l'air, rythmez un peu les paroles.

2 Puis, réitérez l'activité, en effectuant les gestes sur le visage de votre bébé, s'il est d'accord.

3 Lorsque votre enfant vous réclamera la répétition de ce jeu, recommencez en effectuant les mouvements lentement, afin de lui permettre d'anticiper.

Je fais le tour de mon jardin
Je fais le tour de mon jardin (*Faites le tour du visage avec l'index.*)
Je ferme les volets (*Rabattez doucement les oreilles vers l'avant.*)
Je ferme les fenêtres (*Fermez les paupières avec vos doigts.*)
Je ferme la porte (*Pincez doucement la bouche avec vos doigts.*)
Et je tourne la clé ! (*Vrillez délicatement le nez.*)

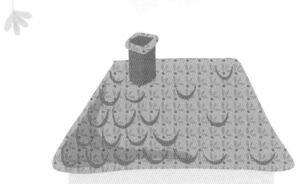

dès 12 mois **durée : 10 min**

Jeux de doigts

Les jeux de doigts sont des représentations poétiques du quotidien où les mains s'animent grâce aux mots. Chaque doigt représente un personnage, dépeint une histoire et fait écho à ce que vit l'enfant. En même temps, Bébé met en mouvement ses mains pour les découvrir et en prendre conscience.

Préparation

Confectionnez des petits cônes de papier de couleur : gris, blanc, vert, bleu et marron.

Activité

1 Asseyez-vous en face de votre enfant et chantonnez la comptine, tout en animant vos doigts en fonction des paroles.

2 Au fil de la chanson, enfilez les chapeaux sur chacun de vos doigts, en partant du pouce.

3 S'il est assez grand pour le faire, invitez ensuite votre enfant à bouger ses propres doigts. Ainsi, il s'amusera à les animer tout en travaillant dextérité et souplesse.

Mon chapeau

Quand je mets un chapeau gris, je danse sous la pluie.
Quand je mets un chapeau blanc, je cours dans le vent.
Quand je mets un chapeau vert, je touche la terre.
Quand je mets un chapeau bleu, je me protège du soleil en feu.
Quand je mets un chapeau marron, sonne l'heure de rentrer à la maison.

Variante **1 mois et +**

Jeux de mains

Bébé découvre avec bonheur ses petites mains qui bougent. La comptine « Les Petites Marionnettes » (voir p. 82) l'amusera et le rassurera, car elle suggère la permanence des personnes (et donc des parents). Avec cette chanson, vous jouez sur la perte et le retour, en lui signifiant que lorsque vous partez, vous revenez toujours.

dès 20 mois

durée : 5 min

Jeux dansés

En dansant, l'enfant met son corps en mouvement et prend conscience de l'espace dans lequel il évolue. Danser à plusieurs, faire la ronde, l'obligent à prendre en compte les déplacements des autres et à respecter leur rythme.

Activité

1 Entonnez une chanson et invitez votre enfant à vous donner les mains.

2 Dansez ensemble : respectez son rythme en commençant doucement.

3 Lorsqu'il se sentira plus à son aise, vous pourrez accélérer un peu.

4 Enfin, intégrez de nouveaux mouvements (comme s'accroupir).

J'aime la galette

J'aime la galette,
Savez-vous comment ?
Quand elle est bien faite
Avec du beurre dedans.
Tra la la la la la la la lère
Tra la la la la la la la la.

Dansons la capucine

Dansons la capucine *(Faites la ronde.)*
Y'a pas de pain chez nous *(Faites la ronde.)*
Y'en a chez la voisine *(Faites la ronde.)*
Mais ce n'est pas pour nous ! *(Faites la ronde.)*
You ! Les petits cailloux ! *(Accroupissez-vous.)*

Puis recommencez en remplaçant « pain » par « vin », « feu ».

Variante **11 mois et +**

Mimes et chansons
Pour les enfants plus jeunes, vous pouvez remplacer la ronde par d'autres gestes et déplacements : comme par exemple, lever les bras, sauter sur place, mettre les mains sur le front ou encore tourner sur soi.

dès 5 mois **durée : variable**

Miroir, mon beau miroir

Les enfants prennent beaucoup de plaisir à se regarder dans un miroir pour observer, découvrir et jouer avec leur image.
En grandissant, ils sont « sociables » vis-à-vis de cet « autre » : ils jouent avec leur reflet, sourient, babillent et sollicitent des réactions tout en découvrant que ce corps est le leur.

Matériel

Miroirs incassables en plexiglas
Plastique adhésif

Activité

1 Installez un des miroirs incassables au mur.

2 Placez-vous avec votre enfant devant le miroir et nommez les différentes parties de son corps.

3 Vous pouvez aussi placer les autres miroirs par terre, en les recouvrant d'un film plastique adhésif. Ainsi, en explorant son environnement au sol, votre enfant pourra s'observer sous des angles différents, prendre conscience de son corps dans sa globalité.

Variante **2 ans et +**

Connaître et reconnaître son corps

Selon l'âge de votre enfant, les comportements vis-à-vis de son reflet ne sont pas les mêmes. Vers l'âge de 2 ans, il réalise qu'il s'agit de son propre corps. Vous pouvez donc l'inviter à désigner lui-même les différentes parties de son corps. Vous pouvez aussi lui proposer de jouer avec son visage en arborant différentes expressions ou grimaces (voir « L'art subtil de la grimace », p. 43).

dès 12 mois

durée : 15 min

Imagier du corps humain

Fabriquer un imagier avec les photos de votre enfant... Voilà une entreprise enrichissante et une façon bien originale de le familiariser avec les différentes parties de son propre corps, tout en développant son vocabulaire !

Matériel
Appareil photo et imprimante
Plastique adhésif

Activité

1 Présentez l'activité à votre enfant et associez-le à ce projet en lui demandant l'autorisation de photographier son corps (oreilles, yeux, nez, bouche, bras, main, doigts, jambe, pieds, orteils, ventre...).

2 Imprimez les photos. Plastifiez-les pour les conserver plus longtemps.

3 Installez-vous avec votre enfant et montrez-lui une image. Dites-lui comment s'appelle cette partie du corps, décrivez-la et expliquez-lui sa fonction.

4 Aidez-le à faire le lien en lui montrant cette partie sur son propre corps. Pour les plus grands, demandez à l'enfant de la pointer lui-même. Expliquez-lui qu'il possède certains membres en double (mains, oreilles, etc.), alors que d'autres sont uniques (nez, ventre, etc.).

Variante **2 ans et +**

Premier puzzle
Fabriquez un petit puzzle, afin que votre enfant prenne conscience de la structure de son visage. Imprimez son portrait sur du papier. Collez-le sur un carton et plastifiez-le. Découpez l'image en quatre. Selon les aptitudes de l'enfant, choisissez une découpe simple (droite) ou complexe (zigzag, courbe). Laissez-le observer les pièces avant de l'accompagner, en nommant les différents éléments qui structurent son visage.

dès 15 mois **durée : 15 min**

Que peut-on faire avec son corps ?

Deux petites mains potelées, deux petits pieds à croquer, un tout petit corps en mouvement... et un immense potentiel à développer ! Grâce aux séances de motricité, l'enfant prend conscience de ses aptitudes en bougeant certaines parties de son corps et en portant une attention toute particulière à ses gestes.

Activité

1 Habillés de vêtements confortables, installez-vous avec votre enfant dans un endroit calme et expliquez-lui le déroulement de l'activité.

2 Débutez la séance de découverte en posant la question : « *Que peux-tu faire avec... ?* ». Fixez longuement partie du corps qu'il doit solliciter puis nommez-la.

3 Laissez votre enfant vous répondre d'un geste. Imitez-le. Félicitez-le (« *Oui, c'est bien, c'est intéressant...* »), puis encouragez-le à vous montrer un nouveau mouvement.

4 Enfin, montrez-lui l'étendue des mouvements qu'il est possible d'entreprendre.

Que peux-tu faire avec les mains ?

Avec les mains, je peux... dire au revoir, cueillir des fleurs, caresser, pincer, frapper, toucher, me cacher...

Que peux-tu faire avec la tête ?

Avec la tête, je peux... dire « oui », dire « non », regarder en arrière, sur les côtés, au sol ou au plafond...

Conseil

Recommencez l'activité régulièrement pour que votre enfant puisse prendre conscience des nouvelles aptitudes qu'il a acquises.

dès 15 mois — **durée : 30 min**

Peindre avec les mains

Aujourd'hui, c'est atelier peinture ! Pinceaux, éponges, tampons, sont étalés sur la table... Et pourtant, votre enfant choisit immanquablement de plonger les doigts dans la gouache ! Faites-lui plaisir en le laissant découvrir la texture de la peinture : invitez-le à appliquer son doigt ou sa main sur une feuille de papier afin qu'il puisse observer les marques que laisse son propre corps.

Variante — **15 mois et +**

Peindre avec les pieds
Lorsque l'enfant maîtrise la marche, vous pouvez lui proposer une activité de peinture avec les pieds : c'est froid, ça chatouille, ça glisse et c'est drôlement amusant ! Toutefois, n'oubliez pas de lui rappeler les règles de sécurité : ne pas courir et vous tenir la main !

Matériel
Feuilles de papier à fort grammage
Pinceaux
Gouache liquide en bidon
Assiettes en carton
Tablier
Nappe plastifiée

Préparation
Sortez le matériel, aménagez l'espace avant l'arrivée de l'enfant. Si l'activité est proposée à table, immobilisez la feuille sur la nappe à l'aide d'adhésif. Pour que l'enfant puisse manipuler facilement la gouache, déposez-la dans les assiettes. N'oubliez pas de revêtir l'enfant d'un tablier.

Activité

1 Expliquez l'activité à votre enfant.

2 Laissez-le toucher et utiliser la matière et le matériel sans avoir d'exigence d'ordre esthétique.

3 Puis, invitez-le à laisser ses empreintes sur la feuille en apposant sa paume de main ou ses doigts. Observez et commentez ensemble les résultats obtenus en lui expliquant qu'il s'agit des traces de son propre corps.

4 Puis, accompagnez-le en commentant le choix des couleurs, la manière dont il occupe l'espace de la feuille.

À savoir
• Votre enfant portera sans doute la peinture à la bouche pour goûter. Ne vous inquiétez pas, ce n'est dangereux que si elle est ingérée en grande quantité. Restez tout de même vigilant.
• Pour certains enfants, la peinture est une matière déplaisante, car elle cache une partie du corps. Il est donc possible que votre petit prenne soudain un air angoissé. Rassurez-le en lui montrant qu'un gant mouillé fait disparaître la peinture !

dès 4 mois **durée : variable**

Le petit explorateur

Dès 4 mois, Bébé est curieux de découvrir par lui-même le monde qui l'entoure. Votre petit aventurier en culotte courte roule sur lui-même, se déplace sur les fesses pour tenter de saisir tout ce qui attire son regard. Pour satisfaire sa soif de découverte, pensez à aménager un espace au sol stimulant, propice au développement de sa motricité.

Matériel

Une grande couverture
Divers objets adaptés à l'âge de l'enfant (tissus sensoriels, hochet, tableau d'éveil, balle, etc.)

Activité

1 Installez votre enfant sur la couverture, sur le dos ou sur le ventre, et disposez autour de lui les différents objets. Ne les éloignez pas trop (moins d'un mètre), car son champ de vision est encore limité.

2 Dans un premier temps, laissez-le découvrir les objets. Pour les attraper, il va mobiliser les membres de son corps (orteils, genoux, avant-bras, doigts) et, si besoin, apprendre à se retourner.

3 Exercez ensuite sa vision en lui proposant des jouets colorés. Il pourra suivre du regard des balles de couleur et même tenter de se déplacer pour les saisir.

4 Encouragez votre enfant en commentant ses découvertes : les couleurs, les formes... N'hésitez pas à valoriser ses initiatives pour développer sa persévérance et son estime de soi.

Variante **18 mois et +**

Aménager la chambre de Bébé en recoins

N'hésitez pas à aménager son espace (chambre ou salle de jeux), en mettant à sa disposition quelques jouets, regroupés dans un meuble à sa hauteur, toujours placés au même endroit pour qu'il apprenne à les ranger tout seul. Dans la mesure du possible, créez des recoins : un espace jeux (coin poupée ou garage de voitures), un autre dédié à la création (crayons, feuilles), un dernier au cocooning qui favorisera ses moments de rêverie (tapis, oreillers, peluches, etc.).

dès 6 mois · **durée : 30 min**

Gravir des sommets

Dès que votre enfant commence à se déplacer, vous pouvez penser à lui aménager un espace, sous la forme d'un parcours, pour lui permettre de développer sa motricité. En exploitant son désir de crapahuter et de grimper partout, vous l'aiderez à développer ses capacités motrices et à trouver les ressources nécessaires pour se tenir debout !

Conseil

Votre bébé porte naturellement les choses à la bouche pour découvrir le monde : pour éviter tout accident et l'ingestion de mousse, surveillez-le. Vous pouvez aussi recouvrir les mousses d'une housse.

Matériel

Des blocs de mousse ferme de formes et hauteurs variées, disponibles à la découpe dans les magasins de literie (à défaut, utilisez des coussins)
Couverture

Activité

1 Placez la couverture au sol et les mousses contre un mur, de façon à ce que votre enfant puisse découvrir les différentes formes et prendre appui dessus.

2 Les premières fois, donnez la main à votre petit pour le rassurer et encouragez-le du regard. Puis, sous votre surveillance constante, laissez-le agir seul (s'agripper, se redresser...), pour qu'il puisse découvrir ses capacités et se lancer des défis moteurs.

3 Félicitez votre enfant qui prendra le risque d'escalader ces hauteurs et mettez des mots sur ses peurs éventuelles (« *C'est impressionnant car c'est haut ! Mais tu peux le faire !* », « *Je suis là, ne t'inquiète pas !* »).

Variante · **7 mois et +**

Toujours plus haut

Pour inciter votre petit bout de chou à explorer l'espace en hauteur, vous pouvez suspendre à des élastiques des boules de plexiglas que vous aurez préalablement remplies d'éléments divers et colorés (plumes, foulards, cotillons, etc.). Pensez à refermer les boules avec de la colle forte. Grâce à cet aménagement, votre enfant développera son équilibre et sa musculature, et prendra plaisir à impulser un mouvement à la boule, pour la voir revenir vers lui.

dès 10 mois · **durée : 5 min**

Premiers pas

Vers 10 mois, votre enfant prend appui sur un mur pour se lancer courageusement à la conquête du monde. Le tonus de ses muscles, la coordination des mouvements de ses pieds, l'équilibre qu'il développe, se font au prix d'un véritable effort. À vous de l'aider et de l'accompagner dans cette grande étape !

Matériel

Une écharpe

Activité

1 Passez l'écharpe sous les aisselles de votre enfant, et accompagnez-le dans sa marche. Préférez cette technique à celle de prendre l'enfant par les mains, car il peut ainsi s'aider de ses bras pour trouver son équilibre.

2 Pensez à l'encourager, à le féliciter, dès qu'il se met debout et tente de faire un pas.

3 Répétez l'activité régulièrement, mais sachez être patient. C'est aux alentours de ses 1 an, et parfois un peu plus tard, qu'il fera ses premiers pas tout seul... des pas de géant vers l'autonomie.

Variante · **13 mois et +**

Développer son équilibre
Votre enfant a grandi et ses compétences motrices ne cessent de croître. Maintenant qu'il maîtrise la marche, augmentez un peu les difficultés en mettant son équilibre à l'épreuve. Réalisez un parcours d'oreillers, de traversins, de coussins et invitez votre enfant à marcher sur ce chemin instable. S'il tombe, riez de bon cœur avec lui, rassurez-le et encouragez-le à s'élancer de nouveau.

dès 16 mois **durée : 30 min**

L'aventure motrice

Grâce à ce mini-parcours du combattant, votre enfant va revivre toutes les étapes de son développement moteur, de la position couchée à la station debout. En rampant, en marchant à quatre pattes et en traversant les chemins périlleux des couvertures molletonnées, il met à l'épreuve ses capacités physiques.

Matériel

Chaises
Adhésif de peintre (disponible dans les magasins de bricolage)
Couvertures molletonnées
Élastique

Préparation

Préférez faire cette activité le matin. Installez le petit parcours de motricité : collez une bande d'adhésif sur le sol ; entremêlez les couvertures ; tendez un élastique entre deux chaises bien lestées.
Veillez au confort de votre enfant (pieds nus, vêtements confortables). Présentez-lui le parcours. Expliquez-lui que lorsqu'il était petit, il ne pouvait pas se déplacer aussi aisément, mais qu'aujourd'hui, il est devenu grand : il éprouvera beaucoup de fierté et prendra conscience des progrès accomplis.

Activité

1 Invitez votre enfant à ramper. C'est un exercice qui mobilise les avant-bras, les orteils et les genoux. Votre enfant comprendra vite qu'il est moins fatiguant de marcher...

2 Puis lancez-lui un défi d'escalade : si vous utilisez une chaise, précisez-lui qu'il est autorisé à monter dessus seulement le temps de l'activité. Grâce à cet exercice, l'enfant prend conscience de la notion de hauteur. Encouragez-le, car pour lui, cette hauteur est très impressionnante.

3 Pour tester son équilibre, proposez ensuite à votre enfant de marcher sur la bande d'adhésif, comme un funambule. Cet exercice fait aussi travailler la souplesse, la coordination des mouvements et le repérage dans l'espace.

4 Faites marcher ensuite votre enfant sur des couvertures. Un exercice difficile, car l'enfant perd facilement son équilibre. En cas de chute : rires assurés !

5 Enfin, demandez-lui de passer au-dessus ou en dessous de l'élastique pour le familiariser avec les notions spatiales.

6 À l'issue de l'activité, proposez un temps calme qui permet de se recentrer : allongez-vous et chantez une chanson.

Conseil

Adaptez-vous aux capacités de votre enfant. Veillez bien à créer un parcours qui lui soit adapté, ni trop facile, ni trop compliqué. En fonction de son âge, amplifiez les difficultés : collez l'adhésif en ligne droite, en boucle ou en zigzag ; jouez sur la hauteur de l'élastique ; fixez-lui des règles (ramper sur le dos), etc.

dès 5 mois

durée : 5 min

Les bienfaits du rire

Le rire a des vertus nombreuses et encore trop souvent méconnues : il relaxe et crée un sentiment de bien-être chez l'enfant. Un fou rire concourt aussi à la prise de conscience de son corps et irait même jusqu'à ragaillardir le système immunitaire.

Activité

1 Installez-vous confortablement dans un endroit calme.

2 Regardez votre bébé dans les yeux, souriez-lui et riez enfin aux éclats pour lâcher prise avec le quotidien. Si le rire est forcé au début, il devient rapidement naturel. Les sourires de votre bébé se dessinent sur son visage et parfois même les rires apparaissent.

Variante — 15 mois et +

Varier les intonations

Avec les enfants plus âgés, jouez sur les intonations, le timbre, pour partager un moment de bonheur sincère. Parce que le rire est contagieux, votre enfant ne tardera pas à vous offrir ses sourires. Avec le temps, il comprendra que le rire permet aussi d'entrer en relation avec d'autres personnes et de tisser des liens positifs nécessaires à la vie en société.

dès 2 ans | **durée : 10 min**

Respirer pour se relaxer

Les temps de relaxation sont essentiels pour aider l'enfant à calmer son esprit lorsqu'il est agité. Lui apprendre à maîtriser sa respiration, c'est lui offrir un moyen de se recentrer. Ces courtes séances doivent être perçues comme des jeux amusants, sans contraintes, où le dialogue est de mise. Veillez à adopter vous-même une attitude sereine en contrôlant votre langage corporel (gestes posés, voix douce...) pour que votre enfant puisse en faire autant.

Variante **2 ans et +**

Ça monte et ça redescend !

Invitez votre enfant à s'allonger sur le dos et à poser ses mains sur le thorax. Demandez-lui d'inspirer et de souffler par la bouche pour prendre conscience que son ventre se soulève et se rabaisse au rythme de sa respiration.

Activité

1 Proposez à votre enfant de s'allonger sur le dos, dans un endroit calme. Tamisez les lumières et mettez une musique douce.

2 Invitez-le à prendre une profonde inspiration, puis à expulser le son « pschuuuuuuuut » le plus lentement possible, comme un ballon de baudruche qui se dégonfle. Montrez-lui l'exemple pour profiter des bienfaits de cette séance.

3 Répétez plusieurs fois de suite l'exercice pour un effet vraiment relaxant.

4 À l'issue de la séance, relevez-vous lentement. En parlant doucement, demandez à votre enfant d'exprimer son ressenti (« *Est-ce que cela fait du bien ?* », « *À quoi as-tu pensé ?* »).

dès 2 ans

durée : 20 min

En apesanteur

Le taï-chi-chuan, art martial millénaire, consiste à pratiquer des mouvements très lents, pour renforcer son énergie vitale.
En proposant une activité inspirée de cette pratique, vous apprenez à votre enfant à maîtriser sa respiration, son corps et ses émotions.
La lenteur, la fluidité des gestes, ont un pouvoir relaxant qui lui permet d'être plus à l'écoute de son environnement et de son corps.

Préparation

Habillez-vous de vêtements confortables et installez-vous dans une pièce au calme. Parlez de l'activité à votre enfant en lui expliquant qu'il va déplacer son corps au ralenti pour transformer des gestes ordinaires (marcher, bouger les bras...). Pensez à décrire les postures et faites-lui une démonstration.

Activité

1 **Le petit astronaute** : invitez votre enfant à marcher au ralenti comme s'il était sur la Lune, en décomposant les mouvements des genoux et des pieds. En se concentrant pour garder son équilibre, il prend conscience de tous les membres de son corps.

2 **Les cercles** : l'enfant doit effectuer le plus lentement possible des cercles concentriques avec une main, puis l'autre, et enfin avec les deux... La répétition de ce mouvement crée un sentiment de sérénité et d'unité.

3 **Le combat** : l'enfant doit effectuer lentement de larges mouvements avec les bras comme s'il pourfendait le vent avec une épée. Il peut aussi jouer sur les émotions et arborer plusieurs expressions faciales... en les mimant au ralenti !

4 **L'arbre** : debout, les pieds immobiles, les bras en l'air, demandez à l'enfant d'effectuer un léger mouvement de balancement, comme s'il était un arbre dont les branches étaient bercées par le vent.

5 **La cueillette des fleurs** : très lentement, l'enfant doit se promener dans l'espace, puis se baisser pour ramasser des fleurs et les sentir. Terminez la séance par un temps calme au sol.

Variante **1 mois et +**

Le corps s'éveille
Pour les plus petits, allongez-les sur un tapis ou sur le lit. Faites bouger tout doucement les membres de votre enfant : étirez ses bras vers le haut comme s'il nageait ; agitez lentement ses jambes comme s'il faisait de la bicyclette. Pour que le tout-petit comprenne bien ce qu'il se passe, racontez-lui à voix haute de petites histoires.

dès 3 ans | durée : 15 min

Un océan de sérénité

Grâce à ces séances de visualisation, l'enfant peut se relaxer, car la voix douce qui dépeint un paysage ou une situation l'apaise. L'intonation de la voix est déterminante : elle amorce le processus de relaxation et transporte votre enfant vers de nouveaux horizons.

Matériel
Un foulard

Activité

1 Invitez votre enfant à s'allonger sur un lit et demandez-lui de fermer les yeux.

2 D'une voix calme et posée, insufflez des phrases qui vont suggérer des images. En étant à l'écoute de sa vie intérieure (souvenirs, imagination...), votre enfant va se créer un paysage mental unique !

3 Pour marquer la fin de la séance, faites glisser un foulard sur son corps et invitez-le à se relever lentement.

Imagine
Imagine que tu es à la plage.
Imagine le son d'une vague... petite, grande, immense qui se jette sur les rochers.
Imagine l'eau qui te caresse le visage.
Imagine le vent qui souffle dans tes oreilles.
Imagine la chaleur du soleil sur ta peau.
Imagine le sable qui réchauffe tes pieds.
Imagine une glace géante et crémeuse qui coule le long de tes doigts.
Maintenant tu es couché sur le sable chaud et tu sens la chaleur t'envahir.
Lorsque la brise soufflera sur ton corps, tu pourras te relever (*Faites glisser le foulard sur son corps pour simuler l'action du vent.*).

dès 6 mois **durée : 15 min**

Bébé part en vadrouille

Dès la naissance, Bébé prend progressivement conscience de son corps, en le mettant en mouvement. Pour soutenir cet apprentissage et développer ses capacités motrices, accompagnez votre enfant dans ses gestes. Une petite histoire à mettre en scène pour découvrir son corps tout en douceur !

Activité

1 Revêtez des habits confortables et installez-vous sur un lit avec votre bébé. Expliquez-lui l'activité.

2 Racontez l'histoire en vous l'appropriant à votre guise et réalisez les mouvements associés en prenant votre temps. Lorsque votre bébé sera à l'aise, vous pourrez accélérer un peu le rythme.

3 Mettez des mots sur l'expérience qu'il vit en utilisant des onomatopées amusantes et en jouant sur l'intonation : « *Vroum ! La voiture est rapide* », « *Waouh ! Tu voles dans le ciel* », « *Oh ! Le cheval galope sur le sable chaud.* »

4 Vous pouvez aussi improviser en chantant des chansons en lien avec les différents moyens de transport, par exemple *Bateau sur l'eau*.

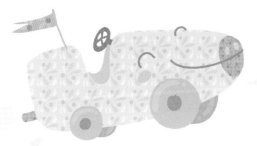

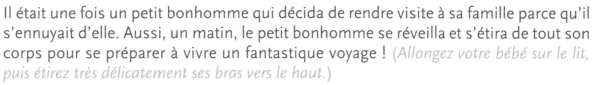

Le grand voyage

Il était une fois un petit bonhomme qui décida de rendre visite à sa famille parce qu'il s'ennuyait d'elle. Aussi, un matin, le petit bonhomme se réveilla et s'étira de tout son corps pour se préparer à vivre un fantastique voyage ! (*Allongez votre bébé sur le lit, puis étirez très délicatement ses bras vers le haut.*)

Le 1er jour, il prit une voiture pour rendre visite à sa mamie la Bretonne. La voiture filait à toute allure et zigzaguait au gré des routes sinueuses. (*Asseyez-vous. Installez votre bébé sur vos genoux, face à vous. Inclinez vos jambes d'un côté puis de l'autre, pour simuler les nombreux virages.*)

Le 2e jour, il monta sur un cheval pour se promener sur la plage avec son papi : le cheval marcha tout d'abord au pas, puis au trot et enfin au galop ! (*Tendez vos jambes. Installez votre bébé à califourchon sur une de vos cuisses et faites-le sautiller de plus en plus rapidement.*)

Le 3e jour, il monta à bord d'un avion gigantesque pour rendre visite à sa tante de l'autre côté de l'océan. L'avion prit de l'altitude, redescendit, puis remonta de nouveau vers le ciel. (*Levez-vous et tenez doucement, mais fermement l'enfant sous les aisselles pour le faire « voler ». Mimez le décollage et le vol de l'avion.*)

Le 4e jour, il embarqua sur un immense paquebot pour rejoindre ses parents. Les vagues étaient déchaînées et le bateau tanguait énormément. (*Asseyez-vous et installez votre bébé à califourchon sur vos cuisses. Puis, bercez-le de droite à gauche ou d'avant en arrière, au rythme des vagues.*)

Sur la côte, il aperçut son papa et sa maman qui l'attendaient impatiemment. (*Ramenez-le vers vous pour le serrer dans vos bras et embrassez-le tendrement.*)

dès 2 ans **durée : 20 min**

Comme maman

Chaque jour votre enfant vous observe et apprend les gestes du quotidien. Il enregistre tout simplement les comportements humains. Grâce à cette activité « bain de poupons », votre enfant aura l'occasion de mettre en pratique ces gestes. Il se nourrira de sa propre expérience et, comme dans tout jeu, il déguisera sans doute aussi la réalité.

2 Encouragez votre enfant à s'exprimer durant l'activité et commentez ses actions : « *Tu n'utilises pas le savon parce qu'il pique les yeux ?* ».

3 Profitez de l'activité pour nommer les différentes parties du corps de la poupée : « *N'oublie pas de frotter derrière les oreilles !* ».

4 À la fin de l'activité, demandez à votre enfant de vous aider à ranger le matériel.

Matériel

Petite baignoire (ou bassine)
Poupée
Savonnette
Gant de toilette
Couche
Serviette pour essuyer la poupée

Préparation

Dans un premier temps, aménagez l'espace (salle de bains, cuisine, jardin...) en disposant tout le matériel nécessaire à portée de l'enfant. Puis, allez chercher votre enfant et expliquez-lui l'activité.

Activité

1 Présentez-lui le matériel. En général, les enfants se lancent spontanément dans cette activité. Ils identifient rapidement l'utilité de chaque objet et optent pour des techniques différentes en fonction de leur vécu (par exemple, certains utilisent leur main pour savonner leur poupée, d'autres un gant).

Conseil

Afin de garantir la sécurité de votre enfant, aménagez le sol avec des tapis de bain antidérapants. Ne laissez jamais votre enfant se livrer seul à cette activité.

dès 2 ans · **durée : 20 min**

Tous les animaux du monde

L'imitation d'animaux est une activité grisante pour l'enfant en pleine construction identitaire ! En adoptant des postures animales, il favorise la prise de conscience de son corps, accroît sa souplesse, sa coordination et son équilibre. Il met aussi son corps au service de son imagination en reprenant certains traits de caractères empruntés aux animaux qu'il incarne : la puissance, l'agilité, la résistance, la grâce, la force, la légèreté, la rapidité...

Préparation

Choisissez une tenue confortable pour votre enfant (vêtements amples, chaussettes ou pieds nus).

Activité

1 Faites constater à votre enfant que les animaux se déplacent de façon bien étrange : certains se dandinent, d'autres sautent, rampent ou galopent. Puis, demandez-lui d'imiter les postures animales grâce à des descriptions simples. N'hésitez pas à vous mettre, vous aussi, en scène.

2 Les animaux ont aussi une manière particulière de communiquer. Invitez votre enfant à jouer avec sa voix pour les imiter.

3 Terminez la séance en imitant le bébé kangourou recroquevillé dans la poche de sa maman. Cette position régressive provoque un bien-être émotionnel.

Le chaton : à quatre pattes, l'enfant doit étirer le haut du corps vers le sol, tout en miaulant.

Le caneton : accroupi, il tient ses chevilles et se dandine en cancanant.

Le poulain : demandez à l'enfant d'imaginer qu'il est dans un pré et invitez-le à se promener, au trot, puis au galop, en hennissant.

Le lionceau : demandez à l'enfant d'imaginer qu'il se promène dans la savane. À quatre pattes, il montre ses griffes en rugissant.

L'oisillon : le premier vol n'est pas facile ! Invitez-le à agiter ses bras pour imiter le battement des ailes et à siffloter.

Le crocodile : l'enfant peut se rouler sur lui-même, comme le crocodile qui a attrapé sa proie. Il peut saisir son doudou et se recroqueviller en le serrant très fort.

Le cobra : proposez à l'enfant de ramper en émettant un sifflement, puis de s'appuyer sur les mains pour redresser son buste.

L'éléphanteau : il doit effectuer de larges mouvements avec son bras, pour mimer celui de la trompe. Il peut imiter le barrissement en pinçant ses lèvres et en soufflant fortement.

Le bébé kangourou : l'enfant se tient debout, les jambes en flexion, et bondit pour se déplacer. Puis, comme le bébé kangourou dans la poche de sa maman, il se recroqueville pour se reposer.

Variante · **2 ans et +**

L'art de la paresse

En fin de séance, vous pouvez aussi proposer à votre enfant d'imiter le paresseux, qui passe la plus grande partie de son temps allongé, à se reposer.

Idées minute

Comparer les silhouettes

Dessinez la silhouette du corps de votre enfant, en l'invitant à s'allonger sur un grand carton posé au sol. Puis, demandez-lui de tracer le contour de votre propre corps. Découpez ces 2 silhouettes et observez ensemble les différences et les ressemblances : taille, forme...

Petit rituel à l'heure du coucher

Invitez votre enfant à s'étirer vers le ciel pour attraper les nuages. « *Mais les nuages ont peur du noir et la lune est trop timide pour se montrer.* » Proposez à votre petit de faire apparaître la lune en faisant semblant de tirer sur une corde avec ses deux mains. Maintenant que la lune est dans le ciel, il est l'heure de se mettre au lit !

Éliminer les tensions

Proposez à votre enfant de tapoter les différentes parties de son corps avec un petit sac en tissu rempli de lentilles. Cela lui permettra de prendre conscience de son anatomie et d'éliminer toutes les petites tensions.

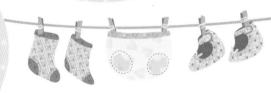

Grandir à vue d'œil

Installez une toise dans la chambre de votre enfant et mesurez-le une fois par mois pour lui montrer qu'il grandit. Profitez-en pour lui rappeler tous ses progrès. Par exemple, expliquez-lui que vous êtes fier de l'entendre prononcer de nouveaux mots, faire des phrases ou de le voir manger seul.

Un réveil en douceur

L'enfant doit s'allonger sur son lit, les yeux fermés et ne plus bouger pendant quelques instants. Puis en suivant vos directives, il devra agiter ses membres indépendamment, en commençant par les orteils, en remontant progressivement vers le haut du corps (pieds, jambes, ventre, tête), puis en redescendant vers les bras (coudes, mains, doigts).

18 mois et +

Garder l'équilibre

Votre petit bout de chou crapahute comme un grand. Vous pouvez donc corser un peu les difficultés en l'invitant à marcher avec un petit sac rempli de lentilles sur la tête. Il devra faire preuve d'équilibre pour ne pas le faire tomber. Lorsqu'il sera à l'aise avec cet exercice, vous pourrez aussi lui demander de marcher à reculons.

18 mois et +

« Jacques a dit » revisité

Installez-vous dans un endroit calme avec votre enfant pour jouer. Adaptez-vous à ses capacités et invitez-le à réaliser certaines actions qui lui permettront d'apprendre l'anatomie de son corps. « *Maman dit : Mets tes mains sur la tête* », « *Maman dit : Mets tes mains sur tes genoux* », etc.

18 mois et +

Envolés fatigue et petit chagrin !

En cas de fatigue ou de contrariété, invitez votre enfant à réchauffer ses mains en les frottant l'une contre l'autre, puis à « balayer » les différentes parties de son corps d'un geste ample vers l'extérieur, pour se débarrasser de tous ses petits soucis : envolés petits chagrins et grosses colères venues jalonner la journée de votre enfant... Et bonjour sérénité !

2 ans et ½ et +

Mimer les métiers

Votre enfant adore se mettre en scène : faites-le devenir pompier, photographe ou musicien en organisant une séance d'expression corporelle au cours de laquelle il devra effectuer des mouvements précis (prendre des photos, gratter une guitare, etc.). Une manière amusante de découvrir les métiers !

0 mois et +

Souffle relaxant

Munissez-vous d'une paille et soufflez sur le corps de votre bébé en nommant tour à tour les parties visées. Ce petit jeu aide votre petit à se relaxer et lui permet de prendre conscience des limites de son propre corps.

Moi et les autres

Durant ses premières années, l'enfant se construit petit à petit en tant que sujet autonome, capable de penser par lui-même. Cette construction se poursuit tout au long de la vie, au fil des rencontres, des émotions et des expériences. Vous pouvez contribuer à la quête identitaire de votre tout-petit en lui proposant des activités orientées vers la découverte de soi et des autres, pour lui apprendre à se connaître et à développer une personnalité propre. Les capacités relationnelles se travaillent dès le plus jeune âge. Accompagnez votre enfant dans cet éveil à soi et à l'autre !

Répéter sans se lasser

dès la naissance · **durée : variable**

Voilà que pour la mille et unième fois votre petit bambin vous réclame encore la même chanson ! Courage, ne craquez pas, la répétition est nécessaire pour le jeune enfant : elle lui permet d'anticiper et de développer ses capacités de mémorisation. N'hésitez pas cependant à revisiter les comptines classiques pour qu'il apprenne à s'adapter au changement et à la nouveauté.

Préparation

Construisez-vous un répertoire de comptines en jouant sur les bruitages (claquements de langue, de doigts...).

Activité

1 Installez-vous auprès de votre enfant et chantez la version classique d'une comptine.

2 Expliquez à votre enfant qu'il va découvrir une nouvelle version de cette chanson et commencez à la chanter en remplaçant les mots par des bruitages. Ne chantez pas trop vite pour permettre à votre enfant de s'approprier cette variante.

3 Encouragez-le à participer et mettez des mots sur ses émotions : « *Cette nouvelle version te plaît-elle ?* »

Dans la prairie de mon grand-père

Dans la prairie de mon grand-père, il y a :
Des scarabées qui crapahutent sur le blé,
Des vers de terre qui rampent sous terre,
Des crapauds qui sautent au-dessus de l'eau,
Des chevaux qui passent du trot au galop,
Et un tout petit garçon qui sommeille dans les champs d'oseille.

Version revisitée

Dans la prairie de mon grand-père, il y a :
Des scarabées qui *crch crch crch* sur le blé,
Des vers de terre qui *sll sll sll* sous terre,
Des crapauds qui *zbong zbong zbong*
au-dessus de l'eau,
Des chevaux qui passent du *clac clac clac*
(*claquements de la langue très lents*) au *clac clac clac*
(*claquements de la langue très rapides*),
Et un tout petit garçon qui *chhhhut* (*mettez l'index devant la bouche*) dans les champs d'oseille.

Variante · **5 mois et +**

Battre la mesure

Vous pouvez également détourner la comptine traditionnelle de votre choix en battant la mesure avec un instrument (ou en tapant sur une boîte en plastique). Il n'est pas nécessaire d'être un grand percussionniste : un brin de créativité et une dose d'espièglerie suffiront à procurer du plaisir à votre enfant. Laissez-le claquer des mains et se dandiner au rythme de la musique.

dès 7 mois · **durée : variable**

Comptines pour jouer avec la peur

Les enfants sont fascinés par les bêtes qui croquent, grognent, griffent ou dévorent. Rassurez-vous, loups féroces, bestioles et bébêtes affamées qui colonisent les comptines ne créent pas les angoisses. Au contraire, elles constituent des supports concrets sur lesquels l'enfant peut projeter toutes ses peurs et s'en libérer.

Activité

1 Installez-vous avec votre enfant dans un endroit calme.

2 Regardez-le dans les yeux. Puis commencez à chanter doucement en effectuant lentement les gestes associés pour lui permettre de se les approprier. Si vous ne connaissez pas l'air de ces chansons, entonnez-les sur celui de votre choix.

3 Soyez à l'écoute des réactions de votre enfant et recommencez autant de fois qu'il le souhaite.

Variante · **1 mois et +**

Des berceuses pour se rassurer
En chantant des berceuses, vous créez un environnement apaisant pour votre bébé. La chaleur d'un corps à corps, la douceur du rythme et la voix tendre contribuent à le rassurer, notamment au moment du coucher. N'hésitez pas à lui fredonner des berceuses de votre invention.

Le loup arrive
Toc toc toc !... Pouces, levez-vous ! *(Montrez vos poings, les 2 pouces cachés à l'intérieur.)*
Toc toc toc !... Pouces, levez-vous ! *(Montrez à nouveau vos poings, les 2 pouces cachés à l'intérieur.)*
Ah ! Vous voilà ! *(Faites apparaître vos 2 pouces.)*
Bonjour ! *(Les 2 pouces s'embrassent bruyamment pour se dire bonjour.)*
Ouhhh ouhhh ! Voilà le loup ! *(Faites trembler les pouces.)*
Vite, cachez-vous ! *(Cachez-les à l'intérieur des poings.)*

La fourmi
La fourmi m'a piqué la main... Ouille ! *(« Piquez » la main avec l'index.)*
La coquine, la coquine
La fourmi m'a piqué la main... Ouille ! *(« Piquez » la main avec l'index.)*
La coquine, elle avait faim !

Continuez la chanson avec :
Un puceron m'a piqué le front... Ouille
Un scarabée m'a piqué le nez... Ouille
Une abeille m'a piqué l'oreille... Bzzzzz... Pique !
Une coccinelle m'a piqué l'aisselle... Ouille !

dès 12 mois **durée : variable**

Comptines de transgression

Les comptines dites de « transgression » permettent d'offrir à votre enfant un espace où les interdits sociaux peuvent être un instant oubliés. Votre enfant éprouvera un plaisir immense à faire semblant de cracher, de mâcher la bouche ouverte ou de frapper. Un petit moment de détente pour décharger ses pulsions...

Activité

1 Installez-vous avec votre enfant dans un endroit calme.

2 Commencez à chanter la chanson lentement pour lui permettre de s'approprier les gestes. Si vous ne connaissez pas cet air, inventez-le.

3 Recommencez plusieurs fois et invitez-le à réaliser les gestes et les bruitages avec vous.

Le chien de ma tante

Le chien de ma tante ouvre le buffet : Grrzzzzzz (*Mimez la porte qui s'ouvre et imitez le grincement.*)
La tarte le tente, le nez il y met : snif snif (*Humez la tarte.*)
Il lape la soupe : slurp slurp (*Lapez bruyamment.*)
Il crache le chou : crchcrche (*Faites semblant de cracher les morceaux.*)
Il mâche la viande : miam miam (*Mâchez bruyamment la viande.*)
Et gobe le yaourt : glou glou (*Faites semblant de déglutir.*)

Conseil

Proposez aux plus grands des comptines avec davantage de mimes et de bruitages.

Le petit bricoleur (sur l'air de « Si tu aimes le soleil »)

Je prends un grand marteau et je tape le clou. Boum boum ! (*Tapez un poing sur l'autre immobile.*)
Je prends un grand marteau et je tape le clou. Boum boum ! (*Faites le même geste en augmentant l'intensité des « Boum ».*)
Je prends un grand marteau et...
Je prends un grand marteau et...
Je prends un grand marteau et je tape le clou. BOUM BOUM ! (*Tapez un poing sur l'autre immobile en augmentant de nouveau l'intensité des « Boum ».*)

dès 15 mois · **durée : variable**

Comptines sans queue ni tête

Dans ces comptines, les mots se juxtaposent pour créer des paroles loufoques. Étonnantes et touchantes, elles offrent un espace aux multiples possibilités : on transgresse, on dit des mots familiers, on en invente. Que de plaisir pour votre enfant qui commence à peine à découvrir le pouvoir des mots !

Préparation

Pour créer ce type de comptines, engrangez un répertoire de mots à consonance amusante et d'onomatopées : tam-tam, prout, crunch, cracotte, zwing, ouille, Bora-Bora...

Activité

1 Installez-vous avec votre enfant dans un endroit calme.

2 Oubliez votre esprit logique et jouez avec les sons en récitant à votre enfant ces mots et ces onomatopées amusantes.

3 Variez l'intonation, jouez sur les émotions et les silences. Votre enfant y projettera son imaginaire et leur donnera du sens en fonction de l'enchaînement que vous aurez choisi et de l'inflexion de votre voix.

4 Demandez-lui ce qu'il pense de ces drôles de comptines.

Les bêtises

Gribouilli, gribouilla, gouli-gouli, couli-coula...
Quel dégât !

Le serpent à sonnette

Zwing-zwing Bora-Bora, zwing-zwing Bora-Bora
Ssssssssssssss
Crunch !
Ouille ouille ouille !

Un loup à la ferme

A-Ouuuuuuuuuu A-Ouu A-Ouuuuu
Grrrrrrr !
Beêêêêêêêêêê Meuhhhhhhhh Cot cot cot cot
Miam ! Gloup ! Glurp ! Miam !

dès 3 mois

durée : 5 min

Écouter du chant lyrique

Votre bébé est un vrai petit chanteur d'opéra ! Il joue avec les gammes, valse avec les aigus et les graves, teste d'un éclat de voix ses possibilités vocales. Faites écouter du chant lyrique à votre enfant, même si pour lui, ce ne sont que des « cris » pouvant faire écho à ses propres babillages.

Activité

1 Installez-vous dans un endroit calme et prenez votre enfant dans vos bras. Expliquez-lui que vous allez mettre un peu de musique (volume faible).

2 Observez ses réactions. Il sera peut-être ému par le flot d'émotions véhiculées par les voix ou se plaira à les accompagner vocalement.

3 Il est important de mettre des mots sur ses émotions : « *Ces voix te font sourire ?* », « *J'entends que tu essayes de reproduire ces sons !* »

Petite liste d'œuvres
• « Aïda » de Verdi
• « La Bohème » de Puccini
• « Les Noces de Figaro » de Mozart

Variante **1 mois et +**

Musiques du monde
Quel que soit l'âge de votre bébé, n'hésitez pas à lui faire écouter de petits morceaux de musique de tous horizons culturels : musique classique, opéra, jazz, contemporaine, étrangère. Votre bébé sera très réactif et se laissera transporter par les rythmes ou les voix venus d'ailleurs. Veillez toutefois à ne pas mettre la musique trop fort.

dès 6 mois **durée : 15 min**

Babillages et vocalises

Votre bébé bave, suçote, gazouille de plaisir et s'amuse à jouer avec sa voix, sa langue et ses lèvres. Très vite, il émet ses premiers babillages. Qu'ils vous paraissent cacophoniques ou harmonieux, ce sont de véritables recherches vocales qui lui permettent de développer le langage.

Activité

1 Installez-vous avec votre bébé dans un endroit calme.

2 Pour procéder à l'exercice qui suit, vous n'aurez besoin que d'un outil : votre voix ! Faites écho à ses vocalises et babillages en utilisant le même rythme et les mêmes sonorités que lui mais en augmentant l'intensité. Pas facile de rivaliser avec Bébé, car il est passé maître dans l'art de produire ces sons.

3 Observez-le et mettez des mots sur ses émotions :« *Je répète tout ce que tu dis ! Cela te plaît-il ?* ». Les onomatopées et grognements produits par l'adulte susciteront des interrogations et procureront du plaisir à votre tout-petit qui apprend à maîtriser sa voix.

4 Observez votre enfant et soyez à son écoute : « *Tu en dis des choses ! Bravo !* »

Variante **2 ans et +**

Le perroquet

Le temps d'un jeu, amusez-vous à répéter tout ce que dit votre enfant, à le singer jusque dans ses intonations. Puis, proposez-lui d'inverser les rôles en lui demandant de répéter tout ce que vous dites : jouez sur les onomatopées et les mots difficiles à prononcer pour rendre cet exercice encore plus drôle et intéressant ! Votre enfant adorera ce jeu qui lui apprendra à maîtriser les bases du langage !

dès 12 mois • **durée : 15 min**

Jouer avec les mots

Faire découvrir votre langue à votre enfant, c'est primordial ! Montrez-lui que certains mots sont plaisants à « mâchouiller » et qu'il est amusant de jouer avec leurs drôles de consonances. Saperlipopette, voilà une activité très chouette !

Quelques exemples...

La petite bête à rouflaquettes fait des claquettes en salopette pour quelques andouillettes.
Les gros doudous de Tizi-Ouzou jouent avec les loups-garous de Ouagadougou.
Les chats chahutent dans le champ de choux du Mandchourie.
Le toucan Toco d'Acapulco est trop rigolo.

Préparation

Pour faire plus facilement des phrases aux consonances amusantes, engrangez un répertoire de mots agréables à l'oreille (mots commençant de la même manière, utilisant la répétition d'une même consonne ou voyelle, etc.) : cruche, cacahuète, hurluberlu, Machu Picchu, cacatoès, Tizi-Ouzou, clopinettes, andouillette, etc.

Variante • **18 mois et +**

Activité

1 Installez-vous avec votre enfant dans un endroit calme et expliquez-lui l'activité.

2 Récitez des phrases farfelues en laissant l'imagination de votre enfant faire le reste ! Jouez sur l'intonation et le timbre pour donner du relief à ces phrases.

3 Soyez à l'écoute de ses réactions (sourire, regard...) et faites-y écho verbalement : « *Oh ! Tu souris, cela te plaît-il ?* », « *Tu as l'air étonné !* »

Petit « virelangue »

Les virelangues sont des phrases aux sonorités identiques : « *Le coquet criquet aux quinquets kaki crie, croque et crotte dans la crique... Quel coquin !* ». Énoncez la phrase lentement, en articulant exagérément, puis le plus rapidement possible. Lorsqu'il sera plus âgé, votre enfant pourra la répéter et ainsi appréhender les difficultés de la langue tout en jouant avec les mots.

dès 15 mois **durée : 15 min**

Reconnaître sa voix

Qu'elle soit aiguë, grave, rauque ou nasillarde, la voix de votre enfant le caractérise. Pour que Bébé apprenne à la connaître et à la reconnaître, donnez-lui l'occasion de l'écouter. Pour cela, enregistrez-le lorsqu'il babille, parle ou rit à l'aide d'un magnétophone.

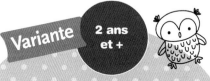

Variante **2 ans et +**

Différencier les voix

À l'issue des enregistrements, vous pouvez rembobiner la bande et proposer à votre enfant d'écouter quelques passages. Demandez-lui à qui appartient la voix qu'il entend. Il devra faire appel à sa mémoire auditive pour différencier sa voix de celle de son parent.

Matériel

Un magnétophone (dictaphone ou autre)

Activité

1 Installez-vous dans un endroit calme et expliquez l'activité à votre enfant. Présentez-lui le matériel (utilité, fonctionnement).

2 Dans un premier temps, enregistrez votre voix et faites-la écouter à votre enfant. Jouez avec votre voix : timide, nasillarde ou coléreuse... Cela ne manquera pas de le faire rire ! C'est aussi l'occasion d'expliquer à votre enfant que la voix fait écho à nos émotions.

3 Dans un second temps, enregistrez votre enfant en l'invitant à jouer avec l'intensité de sa voix (aiguë, grave...). Observez ses expressions de surprise lorsqu'il s'entendra et expliquez-lui qu'il s'agit de sa voix.

4 Une fois l'activité terminée, pensez à conserver les enregistrements. Vous prendrez plaisir à les redécouvrir dans quelques années.

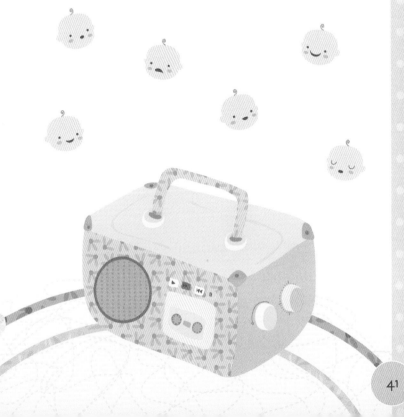

dès 12 mois

durée : 10 min

Un « au revoir » tout en émotion

Il y a des moments où l'on est extrêmement heureux, d'autres un peu inquiet et d'autres encore, vraiment en colère. Bien sûr, nous exprimons nos sentiments par les mots, mais la voix véhicule aussi nos émotions. Mettez-vous en scène dans une drôle de petite animation pour faire comprendre à votre enfant que la voix fait écho à notre état d'esprit !

Il y a des « AU REVOIR » enjoués

Il y a des « au revoir » timides

Il y a des « au revoir » ensommeillés

Il y a des « AU REVOIR » grognons

Il y a des « AU REVOIR » pressés

Il y a des « au revoir » câlins

Activité

1 Installez-vous avec votre enfant dans un endroit calme et présentez-lui l'activité.

2 Nommez l'émotion et dites « au revoir » en jouant sur les intonations de votre voix. En vous observant, votre enfant s'apercevra que la voix transmet des émotions qui font écho à notre humeur.

3 Lorsqu'il aura 2 ans, vous pourrez inverser les rôles et lui demander de se mettre en scène. Donnez-lui un état d'esprit et invitez-le à vous dire « au revoir » en respectant cette émotion.

Variante **18 mois et +**

Son prénom tout en émotion

Vous pouvez aussi scander le prénom de votre enfant en utilisant diverses émotions et expressions. Sollicitez votre petit en lui demandant : « *Que dit maman quand tu fais une bêtise ?* », « *Et quand elle te dit qu'elle t'aime ?* », « *Que dit papa quand il est fier de toi ?* ». Puis, répondez aux questions en jouant sur l'intonation de la voix et en faisant constater à votre enfant que « *Julien, ça suffit !* » ne se dit pas sur le même ton que « *Julien, je t'aime* ».

dès 18 mois **durée : 15 min**

L'art subtil de la grimace

Votre petit garnement adore faire des grimaces rigolotes, car elles attisent la bonne humeur. Entre rire, sourire et étonnement, ces grimaces hautement communicatives lui montrent qu'il existe, puisqu'il est capable de provoquer chez l'autre des émotions et des réactions.

Matériel
Appareil photo et imprimante
Papier cartonné
Plastique adhésif

Préparation
Photographiez votre visage grimaçant (voir descriptions ci-après). Collez les photos sur du papier cartonné, puis plastifiez-les pour les protéger.

Activité

1 Installez-vous dans un endroit calme face à votre enfant.

2 Montrez-lui les photos et faites les grimaces. Par mimétisme et grâce à des explications simples, il déformera son visage pour les réaliser à son tour.

3 Riez de bon cœur avec votre enfant et invitez-le à s'exprimer : « Ce jeu t'amuse-t-il ? », « Que penses-tu de mes grimaces ? »

4 Photographiez votre enfant lorsqu'il grimace et n'hésitez pas à lui montrer ces images à l'issue de la séance. Il sera parfois surpris par cette fabuleuse capacité à pouvoir transformer les traits de son visage pour le rendre méconnaissable. Il apprend à peine à se connaître et voilà que vous lui demandez de se reconnaître !

Petit lifting à l'envers : placez les deux mains de part et d'autre du visage et rabattez-les vers le nez.
Petit diable : yeux plissés, sourcils froncés et regard boudeur.
Petit bouddha : gonflez les joues en souriant.
Petit crapaud : étirez les commissures des lèvres avec vos index.
Petit asiatique : étirez le coin des yeux vers le haut avec vos index.
Petit zombie : étirez les paupières inférieures vers le bas à l'aide de vos doigts et tirez la langue.
Petit cochon : retroussez le nez avec l'index et grognez.

Variante **1 mois et +**

La joute non verbale
Bébé parvient à communiquer avec sa petite frimousse grimaçante : il louche, suçote sa langue, fronce les sourcils et arbore involontairement une moue boudeuse. N'hésitez pas à « engager la conversation » en tirant la langue, en fronçant vous aussi les sourcils, en exagérant vos mimiques pour bien afficher vos émotions.

dès 2 ans

durée : 15 min

Se déplacer en émotions

Comme la voix, le corps reflète lui aussi l'état d'âme : expressions du visage, ampleur des gestes, couleur de la peau (rougeur, pâleur), vélocité des mouvements, laissent transparaître de nombreux indices sur notre humeur.
Par ce jeu de mise en scène, votre enfant apprend à exprimer physiquement les émotions.

Conseil

N'hésitez pas, bien sûr, à modifier cette petite saynète en fonction de votre activité professionnelle ou de votre situation familiale !

Activité

1 Expliquez l'activité à votre enfant.

2 Commencez à raconter « Les aventures de maman » et occupez l'espace en mimant l'histoire. Tout naturellement, votre enfant va vous observer.

3 Invitez-le alors à vous imiter. Les mots vont l'aider, le guider dans sa façon de se déplacer. Demandez-lui : « *Comment marches-tu quand tu es fatigué ?* », « *Comment te déplaces-tu lorsque tu es en colère ?* ».

4 Une fois qu'il aura bien compris l'activité, n'hésitez pas à vous mettre en retrait pour l'observer.

Les aventures de maman

Maman est très fatiguée ce matin, car elle a très mal dormi. Elle se lève de son lit les yeux mi-clos et commence à marcher lentement en traînant les pieds ! « Je suis fatiguée », clame-t-elle en soupirant ! *(Traînez les pieds quelques instants.)*

Maman se sent tellement lourde. *(Traînez de plus en plus les pieds et ralentissez la marche durant quelques minutes.)*

Elle n'a pas envie d'aller travailler ce matin... mais elle n'a pas le choix ! Soudain, elle regarde l'heure et se rend compte qu'elle est en retard ! Elle est très en colère, car le réveil n'a pas sonné ! *(Mimez une expression de colère et déplacez-vous en maugréant.)*

Maman se dépêche pour ne pas arriver en retard au travail. *(Accélérez la course en gesticulant dans tous les sens.)*

Ouf ! Maman est finalement arrivée à l'heure. La voilà rassurée ! Elle fait un grand sourire à tout le monde pour dire bonjour et elle est fin prête à démarrer une bonne journée de travail. *(Souriez et saluez avec les mains en marchant de façon légère.)*

L'album de famille

dès 15 mois

durée : 15 min

À l'heure du numérique, l'album photo traditionnel tombe parfois aux oubliettes et les photos de la vie de votre bébé croupissent au fond de l'ordinateur... Quel dommage, alors qu'il est si simple de créer un album ! Avec votre enfant, redécouvrez en images sa formidable épopée : la naissance tant attendue, le premier regard, le premier bisou, le premier bain... Tendresse et émotions sont au rendez-vous !

Activité

1 Installez-vous avec votre enfant dans un endroit calme (dans sa chambre, sur le canapé du salon...).

2 Invitez-le à découvrir toutes les photos de famille et commentez-les. Soyez à son écoute (regard, expressions, paroles...). Parlez-lui de ses grands-parents, de votre rencontre avec son père/sa mère, de sa naissance pour l'aider à prendre conscience de sa place dans la famille.

3 Encouragez votre enfant à s'exprimer et n'hésitez pas à noter ses commentaires au dos des photos.

4 Cet album peut aussi le « préparer » en vue de la naissance d'un futur bébé. En regardant ces photos, votre enfant va pouvoir appréhender la grossesse de maman autrement. Il comprendra que sa venue au monde a fait l'objet d'une préparation particulière et qu'il faut en faire autant pour le bébé qui arrive !

Variante · **7 mois et +**

Le préparer aux séparations

Pour l'aider lors des séparations (crèche, nounou, week-end chez les grands-parents...), vous pouvez lui confectionner un petit album de poche en regroupant les photos de papa et maman, de son animal de compagnie et pourquoi pas de ses peluches qui l'attendent patiemment sur son lit. Il feuillettera cet album avec plaisir en pensant au bonheur des retrouvailles. Lorsqu'il sera plus grand, il pourra participer à son élaboration en choisissant les photos qu'il souhaite y mettre.

dès 2 ans **durée : 20 min et +**

Memory de la famille

À 2 ans, les enfants aiment beaucoup les jeux de Memory qui leur permettent d'exercer leur capacité de concentration et de mémorisation, tout en affinant leur sens de l'observation. Pour rendre cette activité encore plus attrayante et stimulante, vous prouvez créer votre propre jeu en utilisant les photos d'identité de votre petite tribu !

3 Si les cartes sont différentes, invitez-le à observer leur emplacement, puis à les retourner.

4 À votre tour de jouer : votre enfant devra patienter et attendre son tour, même si ce n'est pas facile !

5 Lorsque toutes les cartes sont réunies par paires, recommencez le jeu.

Matériel
12 photos d'identité de 6 membres de la famille, à raison de 2 par personne (parents, oncles et tantes, frères et sœurs, etc.)
Papier cartonné de couleur
Colle
Ciseaux
Plastique adhésif

Préparation
Collez les photos sur des carrés de papier cartonné, de même taille et de même couleur. Vous pouvez proposer à votre enfant de vous aider. Plastifiez-les pour les protéger.

Variante **2 ans et +**

Activité

1 Expliquez l'activité à votre enfant, puis disposez les cartes sur la table, face cachée.

Adaptez-vous à ses capacités !
Plus votre enfant grandit, plus vous pourrez ajouter de cartes pour augmenter la difficulté, ce qui est d'autant plus amusant.

2 Invitez votre enfant à retourner 2 cartes pour tenter de retrouver les deux mêmes visages.
Si les cartes sont identiques, il pourra les garder.
Félicitez-le !

dès 2 ans **durée : 20 min**

Drôles de trombines

« Tu as le nez de ta maman ! », « Tu es le portrait craché de ton papa ! »... Pas facile de se construire une identité propre lorsqu'on ne cesse d'être comparé aux membres de sa famille ! Pour aider votre petit à prendre conscience de sa singularité malgré toutes les ressemblances familiales, proposez-lui de combiner des portraits pour créer de nouveaux visages insolites.

Matériel
Appareil photo et imprimante
Plastique adhésif
Règle et cutter
Carton
Colle en bidon

Préparation
Imprimez les portraits des membres de la famille au format A4 : faites en sorte que les visages soient tous de la même taille. Collez ces images sur du carton, puis plastifiez-les pour les protéger.
À l'aide du cutter et de la règle, découpez-les horizontalement en 3 parties (cheveux et front / yeux et nez / bouche, menton et cou).

Activité

1 Expliquez l'activité à votre enfant et présentez, dans un premier temps, les puzzles entiers des membres de la famille. Commentez-les : « *C'est le visage de papa ! Le reconnais-tu ?* », « *Où est ton portrait ?* ».

2 Encouragez-le à regarder chaque pièce et les particularités de chaque visage. Observer les portraits lui permet d'apprendre à reconnaître les autres pour se connaître lui-même.

3 Invitez votre enfant à rassembler les morceaux pour créer un nouveau visage. Faites-lui d'abord une démonstration : « *Je vais combiner le front de papa, les yeux de maman et ta bouche pour créer un drôle de visage !* ». Il prendra conscience que chacun est unique, puisqu'il est possible de créer de nouveaux visages avec les différentes parties des portraits.

4 Enfin, invitez-le à trouver un nom amusant au nouveau visage, en combinant les prénoms : « *On pourrait l'appeler Pitoine !* » (en combinant les prénoms Pierre et Antoine).

Variante **4 mois et +**

Explore mon visage !
Tenez votre bébé dans les bras et approchez votre visage pour lui permettre de l'explorer avec ses mains. Par le toucher, il communique avec vous. Avec le temps, il vous reconnaîtra en se référant à des indices pertinents : longueur des cheveux, lunettes, taille du nez, boucles d'oreilles, rides... Vous pourrez aussi toucher son visage tendrement pour lui permettre de prendre conscience des limites de son propre corps.

dès 2 ans et ½ **durée : 15 min**

Le jeu du miroir

Naturellement, l'enfant prend exemple sur ses parents et calque son comportement sur ceux des membres de sa famille. Grâce à ce petit jeu de mime, à ce face-à-face où chacun s'observe et s'imite, l'enfant apprend à se décentrer de sa propre personne et devient peu à peu attentif à cet « autre » qui lui ressemble.

Variante **2 ans et ½ et +**

Échanger les rôles
Au fil des séances, votre enfant aiguisera son sens de l'observation et améliorera la précision de ses gestes. Lorsqu'il se sera bien familiarisé avec les règles, vous pourrez inverser les rôles : à lui d'initier les gestes et à vous de l'imiter.

Activité

1 Demandez à votre enfant de vous imiter le temps d'un jeu.

2 Positionnez-vous face à lui et fixez-le dans les yeux en restant immobile quelques secondes.

3 Initiez un mouvement simple : ouvrir la bouche, tirer la langue, se tapoter les joues, chatouiller le bout du nez, se gratter l'oreille. Cela fera sans doute rire votre enfant, mais il devra rester attentif et concentré pour ordonner ses gestes et vous imiter.

4 Dans un premier temps, faites les gestes un à un. Lorsqu'il sera à l'aise avec cet exercice, vous pourrez enchaîner plusieurs mouvements pour l'aider à exercer sa mémoire visuelle.

5 Laissez parler votre imagination : pourquoi ne pas inviter l'enfant à reproduire des grimaces ou des expressions émotionnelles (visage rieur, air boudeur, etc.).

6 Vous pouvez aussi émettre des sons drôles et brefs. En écho, il devra répéter ces bruits.

Imagier des enfants du monde

Parce que nous vivons dans un monde culturellement riche, il est bon de faire découvrir aux tout-petits que d'autres enfants sur la planète, à la fois si différents et si semblables, vivent selon d'autres coutumes. Grâce à un petit imagier, votre bébé prendra conscience de sa singularité et découvrira de nouveaux horizons.

Préparation

Regroupez des images d'enfants de tous les pays et continents, de leurs environnements (lieux d'habitation : case africaine, yourte, igloo...) ou encore de leurs tenues traditionnelles (sari, kimono, caftan...), etc. Collez-les sur du papier cartonné et plastifiez-les pour les protéger.

Activité

1 Expliquez l'activité à votre enfant.

2 Amenez-le à observer les images : caractéristiques physiques, tenues vestimentaires, moyens de locomotion, paysages, lieux d'habitation...

3 Encouragez-le à repérer les différences physiques, vestimentaires, culturelles (« *Habites-tu dans un igloo ?* »), mais aussi les similitudes.

4 Sollicitez les réactions de votre enfant en l'invitant à commenter les images : « *Aimerais-tu vivre dans une maison de glace comme les Inuits ?* », « *Les couleurs du sari indien te plaisent-elles ?* »

Tour du monde des habitations
Les enfants du monde habitent dans des maisons parfois très étonnantes et très différentes les unes des autres. Réunissez plusieurs photos d'enfants de divers pays et celles correspondant à leurs lieux d'habitation. Puis demandez à votre enfant de faire des paires.

Attention toutefois à ne pas créer de stéréotypes ! Il est important que votre enfant apprenne tout petit l'unicité de chacun. Eh oui ! Tous les Irlandais ne sont pas roux !

dès 2 ans et ½   **durée : 15 min**

Le sculpteur

Par ce jeu d'expression, l'enfant est invité à modeler le corps d'une personne pour lui donner des postures précises. Il apprend ainsi à découvrir les possibilités de l'autre et devra en estimer les limites, pour respecter ce corps qui n'est pas le sien.

Activité

1 Expliquez à votre enfant le déroulement de l'activité en lui faisant, si besoin, une démonstration. Il sera le sculpteur tandis que vous serez le bloc d'argile.

2 Invitez-le à modeler votre corps. Vous ne devez agir que sous l'impulsion des gestes de l'enfant, mais vous pouvez le guider, lui suggérer des postures, s'il éprouve quelques difficultés : « *Tu peux essayer de me lever un bras ou de m'ouvrir la bouche.* » Lorsqu'il sera à l'aise, votre enfant puisera dans son imagination pour vous donner des postures très amusantes.

3 Une fois qu'il aura fini de sculpter son chef-d'œuvre, proposez-lui d'inverser les rôles. À lui de se laisser modeler : il devra accorder sa confiance au sculpteur et accepter qu'un autre manipule son corps, toujours dans le respect de sa personne.

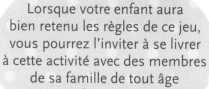
Conseil

Lorsque votre enfant aura bien retenu les règles de ce jeu, vous pourrez l'inviter à se livrer à cette activité avec des membres de sa famille de tout âge (cousin, frère ou sœur...).

dès 2 ans **durée : 30 min**

Alerte au requin dangereux

L'entraide et le partage sont des valeurs qui se transmettent dès le plus jeune âge. Après avoir raconté l'histoire de Crocus Minus, le vilain requin mangeur d'enfants, proposez un jeu coopératif exempt de toute compétitivité.
Tout en stimulant l'imagination des enfants, vous les amenez à agir avec leurs corps, mais aussi à faire équipe.

Matériel (pour un groupe de 5 enfants)
5 cerceaux ou 5 feuilles de papier de grandes dimensions
Musique rythmée, un peu inquiétante (par exemple, celle des *Dents de la mer* de John Williams)

Préparation
Aménagez l'espace en posant sur le sol les cerceaux ou les feuilles maintenues avec de l'adhésif.

Activité

1 Racontez l'histoire de Crocus Minus aux enfants, puis invitez-les à la « jouer ».

2 Mettez la musique. Faites appel à l'imagination des enfants et invitez-les à nager dans l'océan (l'espace de la pièce), tout en évitant les rochers (cerceaux ou feuilles). Ils peuvent simuler quelques mouvements de brasse.

3 Lorsque la musique s'arrête, criez la phrase : « *Attention ! Crocus Minus arrive !* » et suggérez-leur de sauter sur les rochers en s'immobilisant totalement jusqu'à ce que la musique recommence.

4 À chaque tour, retirez un « rocher », car la marée monte, et relancez la musique. Les enfants sont donc amenés à partager à plusieurs les « rochers » restants. À la fin, il n'en reste plus qu'un : le groupe doit faire preuve de solidarité pour échapper au méchant requin !

5 Pour finir, prévoyez un retour au calme en invitant les enfants à s'allonger (sur le sable chaud de la plage !) pour se remettre de leurs émotions.

Crocus Minus, le requin croqueur

Depuis quelques jours, une inquiétante nouvelle circule... Un requin, méchant et affamé, prénommé Crocus nage près du rivage à la recherche de petits enfants à croquer ! La baignade est interdite et pour cause ! Tapi dans les profondeurs de l'océan, Crocus guette sa proie.

Malgré cette annonce effrayante, les enfants comptent bien profiter de cette splendide journée pour faire quelques brasses ! Ils jouent, rient, s'éclaboussent gaiement, mais n'en restent pas moins très prudents : dès que Crocus montre le bout de son aileron, les enfants sautent rapidement sur les rochers en chantonnant : « *Crocus est un minus !* ». Pourtant, les enfants doivent faire attention, car la marée monte et les rochers se font de plus en plus rares...

Le danger les guette, mais en bons copains, ils s'aident pour grimper sur leurs refuges.

Crocus, rebaptisé « Crocus Minus » par les enfants, est rapide, mais il est doté d'une très mauvaise vue et ne parvient jamais à attraper son dîner !

Fatigué, fâché et humilié, Crocus Minus préfère retourner au fond de l'océan pour manger des harengs, assurément plus faciles à attraper que les petits enfants bien trop intelligents !

Idées minute

5 mois et +

Coucou !

Allongez votre bébé sur le lit et déposez un foulard en mousseline devant ses yeux. Puis, enlevez-le rapidement pour faire réapparaître votre visage en disant : « Coucou ! ». Votre bébé va entrer en relation avec vous et s'exprimera en gigotant les membres et en babillant. Une jolie façon de rassurer votre bébé en lui montrant que lorsque vous disparaissez un moment, vous revenez toujours !

5 mois et +

Bébé rencontre d'autres bébés

Il n'est jamais trop tôt pour développer ses relations sociales. À la naissance, votre bébé a une vision égocentré du monde et ne se distingue pas encore comme une personne à part entière. Dès l'âge de 5 mois, vous pouvez organiser des rencontres avec d'autres petits (cousins, voisins, etc.) pour l'accompagner dans sa découverte de l'autre.

2 ans et +

Dessine la musique

La musique transmet des émotions jusqu'à nous faire parfois frissonner. Passez un morceau de musique (par exemple, « Le Boléro » de Maurice Ravel) et invitez votre enfant à dessiner. Il pourra exprimer ce qu'il ressent par le choix des formes, des couleurs, des mouvements...

18 mois et +

Imagier des émotions

Tout petit, votre enfant ne sait pas encore gérer ses émotions : il utilise son corps pour les extérioriser (pleurs, cris...). Pour l'aider à s'exprimer avec des mots, créez un imagier avec des photos sur lesquelles vous exprimerez tour à tour la joie, la surprise, l'ennui, la colère, la tristesse, la réflexion, etc. Montrez-lui les images et commentez-les : *« Maman est heureuse : elle l'est à chaque fois que tu lui fais un bisou. Et toi, quand es-tu heureux ? »*

15 mois et +

Comme Andy Warhol

Proposez une activité très « pop art » ! Imprimez des photos de famille au format A4 et demandez à votre enfant de les peindre avec des encres de couleur. Une drôle de manière de redécouvrir sa famille ! En parallèle, vous pouvez montrer à votre petit artiste la représentation de Marylin Monroe réalisée par Andy Warhol.

12 mois et +

Chanter en émotion

Amusez-vous à revisiter les comptines préférées de votre enfant en laissant transparaître de nouvelles émotions à travers votre voix. Après l'avoir chanté de façon traditionnelle, entonnez « Au clair de la lune » en traduisant la timidité, par exemple.

2 ans et +

Prêter, donner, partager

Apprenez au plus tôt le partage à votre enfant. Incitez-le à prêter ses jouets à ses frères et ses sœurs ou à ses cousins. L'approche des fêtes de fin d'année peut être aussi l'occasion de faire un don aux associations : expliquez à votre enfant qu'il peut offrir un jouet à un autre enfant qui n'a pas la chance d'avoir de cadeaux. Veillez à ce que le jouet soit en bon état et que votre petit ne joue plus avec.

18 mois et +

À la rencontre des aînés

Bienveillance et solidarité sont des valeurs qui se transmettent dès le plus jeune âge. Si vous en avez la possibilité, emmenez votre enfant dans une maison de retraite. C'est l'occasion de partager un moment convivial (lecture, jeux, dialogue) qui fera plaisir à tous.

2 ans et +

Le quiz de la politesse

Merci, s'il te plaît, bonjour, au revoir... En vous écoutant, votre enfant apprend progressivement ces « mots magiques », qui rendent la vie en société tellement plus agréable. Un quiz de la politesse peut aider votre petit à les comprendre et à en faire bon usage. Posez les questions et demandez-lui d'y répondre en trouvant le mot magique : *« Que dois-tu dire quand Mamie te donne un bonbon ? Oui, tu dois dire : Merci, mamie ! »*

2 mois et +

Je nage dans le bonheur

Certaines piscines organisent des séances pour les « bébés nageurs ». Si vous en avez la possibilité, n'hésitez pas à y emmener votre enfant pour lui faire découvrir les joies de barboter dans une baignoire géante. Votre petit va ainsi créer des liens avec d'autres bébés et s'intégrer dans son tout premier groupe social ! Grâce à votre soutien, il va aussi apprendre à se connaître et développer sa confiance en faisant face à ses peurs.

Je découvre avec mes sens

Écouter, goûter, voir, toucher, sentir... Curieux, Bébé s'empresse de découvrir son environnement par tous ses sens. Il tourne la tête au moindre bruit, porte à la bouche tous les objets qui l'entourent, les observe avec attention... Ainsi il s'éveille au monde, renforce ses capacités d'observation et développe sa mémoire sensorielle.

Grâce aux activités qui suivent, vous aiderez votre tout-petit à affiner ses perceptions et à augmenter son potentiel sensoriel !

Mobile à plumes

dès la naissance **durée : 5 min**

Bébé est très attiré par ce qui l'entoure et apprend à distinguer les formes et les couleurs. Pour le distraire le temps du change, pourquoi ne pas l'installer sous un joli mobile de petites bêtes à plumes aux couleurs acidulées ?

Matériel

2 branches de bois (ou baguettes en bois) de 30 cm
Cartonnette (récupérée d'emballages)
Laine de couleur
Plumes
Fil de Nylon
Ciseaux et cutter
Colle forte
Yeux mobiles

Réalisation du mobile de pompons

1 Fixez les 2 branches avec de la colle forte pour former une croix. Renforcez en les nouant solidement avec de la laine.

2 Dans la cartonnette, découpez 2 ronds de 7 cm de diamètre. Dessinez un cercle de 3 cm au centre et évidez à l'aide d'un cutter. Superposez les 2 anneaux.

3 Découpez un long fil de laine et enroulez-le jusqu'à ce que le centre soit totalement obstrué.

4 Glissez la lame des ciseaux entre les deux anneaux et découpez la laine sur le bord extérieur. Insérez un long fil de Nylon entre les anneaux et faites un double-nœud.

5 Découpez aux ciseaux les anneaux cartonnés et retirez-les. Égalisez les brins si nécessaire. Faites 5 autres pompons.

6 Collez les yeux ainsi que 2 plumes de part et d'autre des pompons pour faire les ailes.

7 Suspendez chaque pompon sur la structure en bois en les attachant avec le fil de Nylon, puis fixez le mobile au plafond.

Activité

1 Pendant que vous changez la couche de votre enfant, soufflez doucement sur le mobile pour faire valser les pompons. Les bébêtes dansent en harmonie avec le vent et créent une agréable sensation de légèreté.

2 Chantonnez une petite chanson et faites écho aux réactions de votre bébé : « *Quel coquin ! Tu n'arrêtes pas de gigoter comme les petites bêtes !* »

Conseil

Pour des raisons de sécurité, ne placez pas le mobile au-dessus du berceau et veillez à ce que les plumes ne soient pas accessibles pour l'enfant.

dès 6 mois

durée : 10 min

Imagier de feuilles

Lors d'une promenade en forêt, ramassez des feuilles de tailles, de formes et de couleurs différentes afin de fabriquer un imagier de feuilles à votre bébé. Leurs jolis dégradés de couleurs, leurs nombreuses nervures, vont offrir à votre tout-petit l'occasion d'exercer sa vue.

Matériel

Feuilles de papier cartonné bleues (20 x 20 cm)
Feuilles d'arbres
Colle en bidon
Plastique adhésif
Perforatrice
Raphia
Coton

Réalisation

1 Nettoyez soigneusement les feuilles avec un coton imbibé d'eau.

2 Laissez-les sécher 2 jours sous une charge lourde. Collez chaque feuille sur le papier cartonné et recouvrez-la d'un film plastique adhésif pour la protéger.

3 Perforez et reliez les pages avec du raphia.

Activité

1 Invitez votre enfant à découvrir les différentes feuilles d'arbres.

2 Vous pourrez décrire les caractéristiques de chaque feuille (taille, forme, couleurs) pour commencer à familiariser votre enfant avec ce vocabulaire.

Variante — **2 ans et +**

Trier les feuilles

Invitez votre enfant à regarder une multitude de feuilles (formes, couleurs, tailles) et demandez-lui de les rassembler par famille dans des boîtes. Il devra bien observer pour comparer les feuilles en recherchant des similitudes et des différences.

dès 20 mois · **durée : 15 min**

Découvrir les formes géométriques

Les gommettes sont de petits autocollants destinés à être collés sur une surface pour la décorer. Grâce à leurs formes très variées, l'enfant découvre de façon ludique les formes géométriques. Par ailleurs, cette activité lui permet aussi d'exercer sa motricité fine.

Matériel

Supports divers : feuilles de papier, carton, bois… Gommettes de grande taille aux formes géométriques et aux couleurs diverses

Activité

1 Préparez le matériel : placez les feuilles et les gommettes à disposition, sur une table à hauteur d'enfant.

2 Invitez votre enfant à découvrir visuellement les formes colorées : « *C'est un carré de couleur rouge* ». Puis montrez-lui comment on décolle les gommettes pour les coller sur un autre support. Les premières fois, il tentera tant bien que mal de trouver des solutions pour les décoller. S'il éprouve trop de difficultés, aidez-le : il réussira une prochaine fois.

3 Si votre enfant colle toutes les gommettes au même endroit, incitez-le à utiliser l'ensemble du support. Acceptez que les gommettes soient mal collées, cela fait partie de l'apprentissage. N'intervenez pas non plus pour les repositionner, car cela peut être vexant pour l'enfant.

Variante · **2 ans et ½ et +**

Suivre les consignes

Dessinez un motif simple et invitez votre enfant à respecter une consigne : « *Décore le champignon en collant tes gommettes rondes à l'intérieur du chapeau.* » Vous pouvez aussi lui demander de les coller en suivant le tracé du dessin. Ne soyez pas trop exigeant avec votre petit : ces exercices lui demandent un peu de patience et beaucoup de rigueur !

Un monde tout en couleur

dès 2 ans

durée : 20 min

Un ciel rouge, une maman bleue, un chien vert, ça n'existe pas ! Et pourquoi pas ?
Pour voir la vie en couleur, il suffit de filtres colorés.
Un petit bricolage ingénieux pour découvrir les couleurs et stimuler son imagination...

Matériel

Intercalaires translucides de couleur
Colle en bidon
Ciseaux
Papier cartonné

Réalisation

1 Reportez le patron des lunettes et découpez-le en évidant la partie hachurée. Adaptez éventuellement la taille des lunettes au visage de votre enfant.

2 Découpez les verres dans les intercalaires translucides (ces derniers doivent être un peu plus grands que le trou des lunettes), puis collez-les.

3 Rabattez et collez les 2 épaisseurs de la monture.

4 Confectionnez autant de lunettes que de couleurs souhaitées.

Activité

1 Expliquez à votre enfant que vous lui avez confectionné des lunettes très spéciales.

2 Montrez-les lui et invitez-le à voir le monde en couleur ! Votre enfant sera émerveillé par cette expérience qui lui permettra de regarder différemment ce qui l'entoure. Il portera une attention toute particulière à ce qui l'entoure.

3 Invitez-le à observer le ciel, à nommer sa couleur et à décrire ce qu'il voit, ce qu'il ressent.

4 Puis demandez-lui de retirer les lunettes pour effectuer des comparaisons : « *Quelle est la couleur réelle des objets ?* »

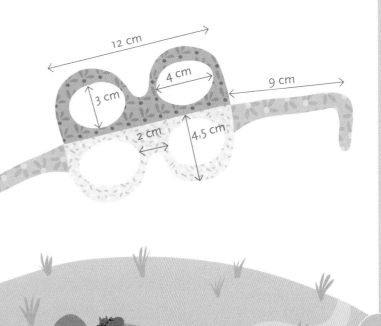

12 cm • 4 cm • 9 cm • 3 cm • 2 cm • 4,5 cm

dès 6 mois · **durée : 20 min**

Histoire d'eau

Chaude, froide, incolore, fluide, l'eau étonne. De par toutes ces propriétés, l'activité « bain » est donc idéale pour permettre à votre enfant d'expérimenter de nouvelles sensations. En s'amusant à transvaser le liquide, Bébé découvre aussi le vide, le plein, la frontière entre son propre corps et le monde extérieur.

Matériel
Eau
Petite baignoire
Bassines
Tapis de bain antidérapant
Ustensiles divers : verre, seau, passoire, pot de yaourt en plastique, cuillère, arrosoir...
Sac (à mailles) de pommes de terre propre
Jouets pour le bain
Maillot

Préparation
Évitez de proposer cette activité à l'heure du bain, car le savon qui « pique les yeux » pourrait rebuter l'enfant. Invitez-le plutôt à plonger dans une activité « jeux d'eau » en la différenciant bien de la toilette. Disposez un tapis antidérapant à la sortie du bain. Placez les bassines autour de la baignoire (pour permettre à l'enfant de transvaser) et revêtez un maillot à votre petit.

Activité

1 Expliquez à votre enfant l'activité, en insistant sur le fait qu'il ne s'agit pas de prendre un bain : il n'y aura ni gant de toilette, ni savon qui pique les yeux !

2 Dans un premier temps, invitez-le à toucher l'eau. Lorsqu'il sera prêt, il pourra entrer de lui-même dans la baignoire. Échangez sur les couleurs, les sensations, les propriétés de l'eau et sur ses ressentis : « *L'eau est incolore et n'a pas d'odeur* », « *L'eau est difficile à attraper avec une main* »...

3 Dans un second temps, donnez-lui le matériel pour qu'il puisse jouer avec l'eau : invitez-le à la transvaser dans les bassines, montrez-lui les jouets qui flottent et les objets qui coulent... N'hésitez pas à arroser votre enfant d'une fine pluie, en secouant doucement au-dessus de sa tête le sac de pommes de terre préalablement trempé dans l'eau.

Variante · **18 mois et +**

L'eau dans tous ses états !
Proposez à votre enfant de plonger ses doigts dans des verres remplis d'eau tiède ou froide. Puis, expliquez-lui que l'eau change d'état, car elle réagit aux variations de température. Elle se décline ainsi sous forme liquide, solide et gazeuse ! (N'hésitez pas à lui montrer la vapeur qui s'échappe d'une casserole d'eau bouillante ou à fabriquer avec lui des glaçons.)

dès 7 mois   **durée : 10 min**

Premier livre sensoriel

L'enfant est animé par un désir quasi pulsionnel de découvrir le monde qui l'entoure. Entretenez cet appétit en lui confectionnant son premier livre à toucher. Votre petit « touche-à-tout » va pouvoir explorer différentes textures avec ses mains.

Matériel
8 feuilles colorées de papier cartonné (21 x 21 cm)
Textures diverses : papier bulle, velours, toile de jute, laine, feutrine, éponge, papier ondulé, soie, etc.
Colle en bidon
Perforatrice
Raphia

Préparation
Préparez le livre en collant les matériaux au recto et au verso de chaque feuille. Perforez ces dernières et reliez-les avec du raphia.

Conseil
Soyez à l'écoute de ses réactions : étonnement, grimaces, rires ou simples vocalises.

Variante   **12 mois et +**

Les dalles sensorielles
Dès que Bébé sait marcher, vous pouvez lui fabriquer des dalles tactiles en collant diverses matières (moquette, papier de verre, polystyrène, etc.) sur des plaques de contreplaqué. Puis, invitez-le à marcher dessus. Il pourra aussi les caresser avec la plante des pieds ou les toucher avec ses mains. Par mesure de sécurité, ne laissez pas votre enfant seul pendant l'activité.

Activité

1 Installez-vous dans un endroit calme avec votre enfant et expliquez-lui qu'il s'apprête à découvrir un fantastique trésor...

2 Ouvrez lentement le livre pour préserver le suspense, puis présentez les différentes matières en les nommant.

3 Encouragez votre enfant à observer chacune des matières. Il pourra passer de longs moments à les regarder (couleurs, textures, formes...) et à les toucher.

4 Quand il commencera à parler, aidez-le à mettre des mots sur les sensations tactiles éprouvées : « *Est-ce que c'est doux ?* », « *Ça pique ?* ». Demandez-lui ce qu'il ressent : « *Est-ce agréable ?* »

Je touche, je caresse

dès 15 mois · **durée : 15 min**

Modelage malin

Manipuler l'argile ou la pâte à modeler permet à l'enfant de découvrir des matières souples, malléables, douces ou grasses. Façonner la pâte pour créer des formes, la rouler entre ses mains et laisser des empreintes permet au tout-petit de développer sa motricité fine et son imagination.

Matériel

Pâtons d'argile ou de pâte à modeler
Divers ustensiles : rouleau, fourchette et couteau en plastique, récipients, emporte-pièces, accessoires « spécial pâte à modeler », entonnoir...
Nappe plastifiée
Tenue appropriée (tablier, vieux vêtements)

Préparation

Préparez le matériel et aménagez l'espace : protégez la table avec la nappe, déposez une boule d'argile ou de pâte à modeler. Le pâton doit être adapté à la taille de la main de votre enfant pour en faciliter la préhension. Assouplissez-le au préalable si besoin.

Activité

1 Revêtez votre enfant d'un tablier et expliquez-lui le déroulement de l'activité.

2 Tout d'abord, présentez la matière seule (sans les ustensiles) et laissez votre enfant la manipuler un moment avec ses mains. L'objectif de cette séance étant la simple découverte, n'ayez aucune exigence d'ordre esthétique.

3 Puis invitez-le à malaxer la matière, à l'étaler... Attention toutefois, certains voudront la croquer, car l'activité se déroule à table et cela porte un peu à confusion !

4 Observez les expressions de votre enfant et mettez des mots sur les sensations éprouvées : « *L'argile est mouillée, pâteuse et sent la terre* », « *La pâte à modeler a-t-elle une odeur agréable ?* »...

5 Proposez-lui ensuite les ustensiles pour qu'il puisse couper la pâte, y laisser des traces ou réaliser des moules. En plein apprentissage de la propreté, il prendra plaisir à expulser la matière par le trou de l'entonnoir.

Créer sa propre pâte à modeler

Ingrédients : 2 verres de farine, 1 verre de fécule de pomme de terre, 1/2 verre de sel fin, 2 c. à s. d'huile végétale, 2 c. à s. d'alun de potassium (en pharmacie), 2 verres d'eau, 1 c. à s. de colorant alimentaire

1. Mélangez les ingrédients dans une casserole et faites chauffer à feu doux en remuant.
2. Retirez du feu lorsque la pâte se décolle des parois. La pâte obtenue est extrêmement malléable, a une odeur agréable et se conserve bien à température ambiante (2 à 3 mois dans une boîte hermétique).

dès 15 mois

durée : 20 min et +

Jeux de texture

Certaines matières changent de consistance lorsqu'on y ajoute de l'eau. La fécule est une poudre blanche à la texture satinée. En la mélangeant avec l'eau vous obtiendrez une matière tantôt solide, tantôt liquide.

Matériel
Fécule de pomme de terre
Bol
Eau
Nappe plastifiée
Tablier

Préparation
Protégez la table avec la nappe et versez la fécule dans le bol. Revêtez votre enfant d'un tablier.

Activité

1 Expliquez à votre enfant l'activité. Présentez-lui la matière sèche et observez-la ensemble quelques instants. Puis, invitez-le à toucher la fécule.

2 Encouragez-le à verbaliser les sensations tactiles éprouvées : « *Est-ce doux ?* », « *Est-ce une sensation agréable ?* »

3 Ajoutez un peu d'eau sur la fécule et observez le changement de consistance. En pressant la matière au creux de la main, celle-ci devient solide. En relâchant la pression, la préparation redevient liquide... comme par magie !

Variante **15 mois et +**

Le tapioca dans tous ses états
Renouvelez l'expérience avec du tapioca. Granuleux lorsqu'il est sec, il devient gluant lorsqu'on le mélange avec de l'eau chaude. Pensez à faire cuire une portion de tapioca une heure avant le début de l'activité, pour qu'elle ait le temps de refroidir.

4 N'hésitez pas à toucher vous-même la matière en contrôlant vos réactions. Il est important de ne pas véhiculer de messages négatifs, car les enfants y sont sensibles.

dès 10 mois

durée : 15 min

De la découverte musicale à l'harmonie

Comme il est amusant pour un enfant de taper sur un tambour ou d'agiter un instrument à percussion ! Un bon moyen de se défouler... mais un supplice pour vos oreilles ! Résistez à la tentation de lui retirer ses instruments et invitez plutôt votre bout de chou à se mettre au diapason avec vous. L'histoire de Mimi la fourmi l'encouragera à utiliser le tambourin autrement.

Matériel
2 tambourins

Activité

1 Installez-vous dans un endroit calme, et présentez l'activité à votre enfant en le laissant découvrir les instruments par lui-même.

2 Puis, saisissez un tambourin et racontez-lui l'histoire de Mimi la fourmi. Jouez sur les rythmes et les intensités : doucement puis un peu plus fort, grattez l'instrument ou tapotez-le du bout des doigts. Avec le tambourin à sa disposition, votre enfant s'adaptera à votre rythme et se laissera guider malgré lui vers l'harmonie.

3 À la fin de chaque séance, faites-lui aussi apprécier le doux son du silence.

Mimi la fourmi
Mimi la petite fourmi sort de sa fourmilière pour prendre l'air. Une douce brise souffle sur la plaine. *(Caressez le tambourin du bout des ongles pour émettre une sonorité douce.)*
Soudain, un orage éclate et la pluie tombe du ciel. D'abord quelques gouttes : plic plac ploc... *(Tapotez le tambourin du bout des doigts.)*
Puis une violente averse. Mimi est toute trempée ! *(Tapez un peu plus fort avec le bout des doigts.)*
Mimi trouve vite un trou pour se réfugier, car de gros grêlons de la taille d'un poing s'abattent sur le sol ! Boum Boum Boum ! *(Tapez très fort avec le plat de la main.)*
À la nuit venue, la pluie s'arrête progressivement... *(Tapotez avec le bout des doigts, de moins en moins fort, de plus en plus lentement.)*
Et Mimi la fourmi s'endort doucement.

dès 2 ans · **durée : 15 min**

Colin-maillard musical

Par ce jeu, l'enfant, privé de sa vue, est amené à se concentrer sur son ouïe pour se diriger et retrouver la personne qui émet un bruit. Pas si facile pour ce petit homme qui se fie surtout à ce qu'il voit !

Matériel
Bandeau
Instrument (ou jouet musical)

Préparation
Aménagez l'espace en supprimant tout obstacle.

Activité

1 Expliquez l'activité à votre enfant, puis, avec son accord, bandez-lui les yeux.

2 Éloignez-vous un peu de lui, puis émettez un son avec l'instrument de musique. Puis invitez votre enfant à se concentrer pour tenter de vous retrouver. Dans un premier temps, effectuez l'exercice en restant assez près de lui, puis éloignez-vous progressivement.

3 Diminuez au fil des séances l'intensité du son pour lui permettre de développer ses capacités de concentration et sa patience.

4 À la fin de l'activité, inversez les rôles. Vous vous rendrez compte que cet exercice n'est pas aussi évident qu'il n'y paraît !

Variante · **18 mois et +**

Où est le réveil de papa ?
Cachez un réveil en ayant pris soin de régler l'alarme une ou deux minutes plus tard. Expliquez l'activité à votre enfant et invitez-le à tendre l'oreille pour guetter le bruit du réveil. Lorsque celui-ci se mettra à sonner, proposez à votre enfant de partir à sa recherche. Il devra se fier à son ouïe et suivre la bonne direction pour éviter que papa se réveille en retard le lendemain !

dès 2 ans et ½

durée : 20 min

La chasse au trésor musicale

Organisez une séance de découverte autour des instruments de musique. L'activité se déroule en deux temps : une histoire pour captiver l'enfant ; une chasse au trésor pour partir à la recherche de nouveaux instruments et de nouveaux sons.

Matériel
Instruments de musique (ou jouets musicaux)
Sac

Préparation
Cachez les différents instruments de musique dans une pièce ou dans toute la maison.

Activité

1 Racontez l'histoire de Mélodie Harmonie, puis proposez à votre enfant de prendre un sac pour faire le tour de la maison à la recherche d'instruments étonnants.

2 À chaque fois que votre enfant trouve un instrument, laissez-le découvrir le son qu'il produit et invitez-le à le mettre dans son sac.

3 Lorsque tous les instruments ont été découverts, demandez-lui de retourner s'asseoir pour faire un concert au roi Silencius.

4 Laissez votre enfant s'approprier les instruments pendant un long moment. Vous pouvez l'accompagner en les nommant, mais aussi en verbalisant les émotions éprouvées : « *Je vois que la musique te plaît !* », « *Quel instrument préfères-tu ?* »

Mélodie Harmonie, la petite exploratrice

Il était une fois une petite fille prénommée Mélodie Harmonie. Mélodie vivait à Tempoland, un royaume où les instruments de musique avaient été interdits par le grincheux roi Silencius qui n'aimait pas le bruit !

Un matin, il avait envoyé ses gardes récupérer tous les instruments du royaume pour les expédier aux quatre coins de la Terre : « J'en ai assez de tout ce bruit ! », pensait-il. Le chagrin gagna peu à peu tous les enfants.

Touchée par leur tristesse, Mélodie décida de faire le tour du monde à la recherche d'instruments originaux afin de rendre le sourire aux enfants du royaume. Afrique, Asie, Europe, Antarctique... Voyageant de continent en continent, elle découvrit des instruments étonnants et elle décida de les rapporter : trompette, guitare, bâton de pluie, flûte, djembé, castagnettes... et plus encore !

De retour au royaume, Mélodie invita tous les enfants chez elle et leur distribua les instruments. Pour la remercier, ils voulurent immédiatement lui jouer un morceau. La musique était si entraînante qu'elle monta jusqu'à la chambre du roi. Les notes étaient si justes, la partition si belle, que Silencius se réveilla en sursaut, parcouru par un immense frisson de bien-être. La musique vibrait dans sa tête... Un miracle s'était produit : pour la première fois, le roi Silencius entendit la musique de tout son corps. C'est ainsi qu'il ne fit plus jamais interdire la musique !

dès 10 mois **durée : 10 min**

Poèmes à croquer

Petites mises en bouche pour les tout-petits : des poèmes gourmands aux rimes acidulées et aux bons mots caramélisés... Des poèmes sucrés qui donnent envie, qui font swinguer les papilles et chatouillent les oreilles. À déguster sans modération !

Conseil

Si votre enfant a déclaré la guerre à tous les légumes, utilisez l'humour pour relativiser le problème. Amusez votre enfant en déclamant le poème ci-dessous comme si vous manifestiez dans la rue !

Activité

1 Installez-vous dans un endroit calme, puis récitez les poèmes. Les mots peuvent paraître compliqués, mais il est important de rester fidèle aux textes, car l'enfant est attentif à la musicalité et à la rythmique de l'ensemble. Communiquez avec Bébé en jouant avec votre voix, en multipliant les gestes et les mimiques. Pour plus de plaisir, n'hésitez pas à exagérer vos expressions.

2 Soyez à l'écoute de ses réactions et sollicitez sa participation : par exemple, votre petit pourra se dandiner au rythme de vos slogans dans « Une grève qui porte ses fruits ».

Bébé est à croquer !
Ma paupiette emmaillotée
Ma pomme d'amour sucrée
Mon petit gigot en croûte feuilletée
Mon chichi chouchouté
Ma guimauve colorée
Mon petit-beurre doré
Mon bébé, tu es à croquer !

Une grève qui porte ses fruits !
À bas les anchois et la purée de p'tits pois !
Je préfère le chocolat et les belles fraises Tagada !
À bas les marrons et la confiture d'oignon !
Je préfère les gros bonbons et les délicats calissons !
À bas les carottes et leur parure d'échalote !
Je préfère les belles Gavottes et les séduisantes biscottes !
À bas les gros choux entourés de sauce au pistou !
Je préfère les roudoudous et tous les caramels mous !
À bas les gratins de choux de Bruxelles aux airelles !
Je préfère les jarres de miel et les fontaines de caramel !
Les brocolis... ça suffit ! Les pommes de terre... c'est la galère ! Les ananas... ils m'agacent !
Et les courgettes... elles sont trop bêtes !

dès 20 mois

durée : 15 min et +

Autour des fruits

Beaucoup d'enfants ne connaissent pas le véritable aspect des fruits puisqu'ils les consomment sous forme de compotes ou de jus de fruits. Pêche, pomme, poire, abricot... Le goûter est le moment idéal pour découvrir les fruits au fil des saisons !

Matériel

3 ou 4 fruits entiers
Assiette
Couteau
Bandeau

Activité

1 Expliquez à votre enfant que l'activité se déroule en deux phases : la découverte des fruits, puis un petit test amusant pour tenter de les reconnaître les yeux bandés.

2 Présentez à votre enfant une assiette avec les différents fruits entiers. Invitez-le à les observer. Décrivez-les : couleur, forme, taille, texture, poids.

3 Expliquez à votre enfant que la peau ne se mange pas toujours et épluchez ensemble les fruits pour découvrir l'intérieur. Commentez une nouvelle fois les découvertes : aspect du fruit (quartiers, pépins...).

4 Avec son accord, bandez-lui les yeux et faites-lui goûter les fruits pour tenter de les reconnaître.

5 Enfin, inversez les rôles. Faites semblant de ne pas reconnaître les aliments et invitez votre enfant à vous décrire l'aspect des fruits pour vous aiguiller. Avec le reste, faites une salade de fruits.

Variante — 20 mois et +

Les fruits méconnus
Vous pouvez réitérer l'expérience en proposant des fruits originaux moins communs aux formes étonnantes : goyaves, figues de Barbarie, ananas, litchis, grenades, kumquats...

dès 20 mois

durée : 15 min et +

Autour des fromages

Il n'y a pas que le fromage à tartiner dans la vie ! Camembert, chèvre, maroilles, roquefort, gruyère, gouda... Il n'est jamais trop tôt pour faire découvrir les saveurs subtiles ou corsées de ces produits d'excellence. À vous d'éduquer les papilles gustatives de votre enfant pour lui faire aimer le fromage !

5 Observez ses réactions et commentez-les. Votre enfant peut réagir à ces expériences gustatives par des expressions de plaisir, de surprise ou encore de dégoût. Interrogez-le sur ses préférences.

6 Après quelques séances, vous pourrez l'inviter à reconnaître ces fromages. Vous constaterez que ses goûts évoluent.

Matériel
Assiettes
3 fromages au lait pasteurisé
Essuie-tout
Couteau

Variante — 13 mois et +

Savoureuse alchimie gustative
Exit les gâteaux et autres sucreries pour la collation du matin et le goûter de l'après-midi ! Si une petite fringale se fait sentir, invitez votre enfant à manger un morceau de fromage accompagné de fruits frais. Un morceau de poire fondante se marie à merveille avec du roquefort !

Activité

1 Expliquez à votre enfant qu'il existe des centaines de fromages différents et proposez-lui d'en découvrir quelques-uns.

2 Proposez-lui des assiettes de dégustation avec les 3 fromages entiers. Pour les premières séances, proposez plutôt des fromages doux.

3 Nommez les fromages et invitez votre enfant à observer leur aspect. Décrivez-les : les formes, les couleurs, les caractéristiques (dur ou mou, trous, moisissures, croûte, odeur, etc.).

4 Proposez à votre enfant de goûter et commentez les découvertes : « *Le goût est-il fort ou léger ?* »

dès 3 ans

durée : 15 min et +

Découvrir les saveurs

La langue abrite plusieurs milliers de papilles gustatives grâce auxquelles nous sommes en mesure de reconnaître quatre saveurs fondamentales : le sucré, le salé, l'acide et l'amer. Invitez votre enfant à découvrir et à classifier plusieurs aliments selon ces quatre groupes.

Variante — **9 mois et +**

Une palette de saveurs !
Éveillez les papilles de votre bébé en lui faisant découvrir des purées aux saveurs variées : fenouil, céleri ou artichaut. Et oui ! C'est tout petit qu'il faut éduquer les papilles !

Matériel
4 assiettes
Cuillères
Miroir
Divers aliments appartenant aux 4 groupes : acide (citron, vinaigre...), salé (sel, chips, saucisson...), sucré (sucre, ketchup, bonbon...), amer (asperge, céleri, endive...).

Activité

1 Disposez les aliments dans les assiettes selon leur saveur.

2 Nommez chaque produit et expliquez à votre enfant qu'ils sont classés par groupes appelés « saveurs ».

3 Expliquez le rôle de la langue dans la reconnaissance de ces saveurs. Puis demandez à votre enfant de tirer la langue pour l'observer dans un miroir : « *Vois-tu les petits points ? Ce sont tes papilles gustatives !* ».

4 Invitez-le à goûter les aliments pour découvrir leurs saveurs. Ces expériences gustatives peuvent engendrer des réactions variées (sourires, grimaces...). Encouragez votre enfant à verbaliser ses sensations : « *Les aliments acides piquent la langue* », « *Que penses-tu des aliments sucrés ?* »...

dès 5 mois

durée : 15 min

Les coussins odorants

Bébé dispose de surprenantes capacités de perception olfactive. Dès la naissance, il réagit aux odeurs familières ou inconnues. Pour favoriser cet apprentissage nourri d'émotions et de sensations, vous pouvez l'inviter à découvrir de nouvelles odeurs en lui fabriquant de petits coussins contenant diverses épices.

Conseil

Pour conserver vos petits sacs et éviter un transfert d'odeur, rangez-les dans des sachets en plastique individuels.

Matériel

Tissu (épais, à trame serrée)
Ciseaux
Épices (bâton de cannelle, coriandre, poivre, anis étoilé, etc.), végétaux séchés (tilleul, lavande, etc.)
Couverture

Réalisation

1 Cousez deux à deux des petits carrés de tissus (11 x 11 cm), sur trois côtés.

2 Remplissez chaque petit sac avec une sorte d'épice. Au préalable, vous pouvez broder le nom du contenu ou l'inscrire avec un feutre à tissu.

3 Cousez le quatrième côté.

Activité

1 Aménagez l'espace avec une couverture et éparpillez les sacs dessus.

2 Invitez votre enfant à faire connaissance avec les odeurs en nommant les épices. Soyez à l'écoute de ses réactions : mouvements, mimiques, bave.

3 Tempérez un peu l'enthousiasme de Bébé s'il mâchouille les sacs et encouragez-le à les découvrir autrement : il pourra les sentir ou les manipuler.

4 Mettez des mots sur ses découvertes : il aura peut-être des préférences pour certaines odeurs (« *Je vois que tu aimes particulièrement l'odeur de la cannelle* »).

Astuce !

Vous pouvez aussi faire une bourse avec un morceau de tissu et la fermer solidement avec un joli ruban.

dès 20 mois · **durée : 15 min**

Autour des légumes

Du bout du nez, Bébé découvre le monde et les nombreuses odeurs qui en font partie. Avec votre aide, il apprend à éduquer son odorat. Comme l'odorat et le goût sont liés, proposez à votre enfant de « flairer » les légumes, pour apprendre à les connaître, à les reconnaître et à les aimer !

Matériel

Assiettes
Divers légumes entiers (fenouil, céleri, carotte, betterave, chou-fleur, etc.)
Couteau
Bandeau

Activité

1 Présentez l'activité à votre enfant : expliquez-lui qu'elle se déroule en deux temps : un temps d'observation et un test amusant, yeux bandés.

2 Invitez-le à observer les légumes entiers et nommez-les.

3 Décrivez ensemble leurs aspects : couleurs, formes... Proposez à votre enfant de les toucher et de les sentir.

4 Coupez quelques lamelles de légumes. Puis invitez votre enfant à mettre un bandeau sur ses yeux.

5 Faites-lui sentir les aliments pour tenter de les reconnaître. S'il n'y parvient pas, aidez-le en décrivant les légumes (aspect, couleur...). Vous pouvez aussi lui demander de goûter pour qu'il puisse associer odeur et saveur.

Variante · **15 mois et +**

Autour des herbes fraîches

Réitérez l'expérience avec des herbes (menthe, coriandre, ciboulette, persil...) et invitez votre petit à faire connaissance avec les odeurs sans lui bander les yeux. Proposez aussi à votre enfant de planter des graines pour les voir grandir. Il pourra ainsi récolter ses propres herbes aromatiques (voir aussi « Premières plantations », p. 111).

dès 2 ans **durée : 15 min**

Bonnes et mauvaises odeurs

Toutes les odeurs ne sont pas perçues de la même façon par les individus. Si tout le monde s'accorde sur le fait que les poubelles et les excréments sentent mauvais, d'autres odeurs résonnent différemment en chacun de nous en ravivant certains souvenirs. Au cours de cette séance, vous allez inviter votre enfant à exprimer ses préférences en triant les bonnes et les mauvaises odeurs.

Matériel
Différents éléments odorants (fruits frais et pourris, tee-shirt de papa après son jogging, miel, épices, sucreries...)
Assiettes

Activité

1 Disposez à portée de l'enfant les éléments odorants dans des assiettes (épices, sucreries...) ou sur une chaise (tee-shirt).

2 Présentez l'activité à votre enfant et invitez-le à sentir tous les éléments.

3 Observez ses réactions pour deviner comment il perçoit les odeurs. Puis faites écho à ses émotions : « *Aimes-tu l'odeur du marshmallow ?* », « *Es-tu gêné par l'odeur du tee-shirt de papa ?* »

4 Invitez votre enfant à lister les odeurs agréables et désagréables et éventuellement à en citer d'autres. Faites-lui constater qu'un fruit pourri n'a pas la même odeur qu'un fruit frais.

5 Insistez sur le fait que certaines odeurs ne sont pas « mauvaises », mais que les gens n'ont tout simplement pas les mêmes goûts. Cela lui permettra de prendre conscience de son individualité : « *Tu sembles apprécier l'odeur du miel ; moi je ne l'aime pas vraiment !* »

6 Les odeurs activent certains souvenirs ! Parlez-lui de vos odeurs préférées et de ce qu'elles évoquent chez vous : « *L'odeur de la cannelle me rappelle les tartes aux pommes de grand-mère lorsque j'étais petite !* »

Variante **12 mois et +**

Lorsque mes parents cuisinent, je m'éveille !
Lorsque vous préparez le repas, n'hésitez pas à faire participer votre bébé installé sur sa chaise haute : faites-lui sentir tous les ingrédients que vous utilisez (poivre, cannelle, citron...). Observez ses réactions et mettez des mots sur les sensations éprouvées.

Memory des odeurs

dès 2 ans et ½ **durée : 15 min**

Avec l'âge, les perceptions olfactives de votre enfant s'améliorent ! Mettez-le à l'épreuve en jouant avec lui à un Memory original confectionné par vos soins.

Matériel

8 pots de yaourt propres
Adhésif marron de bricolage
Divers éléments odorants (café, ail, citron, chocolat, coton imbibé d'extrait d'amande ou du parfum de maman, etc.)
Aiguille

Préparation

Choisissez 3 éléments pour remplir 6 pots (un même élément doit se trouver dans 2 pots). Laissez les 2 derniers pots vides. Fermez-les tous avec l'adhésif et faites des trous à la surface à l'aide d'une aiguille.

Activité

1 Expliquez l'activité à votre enfant, puis invitez-le à sentir les pots.

2 Accompagnez-le verbalement et mettez des mots sur ses émotions : « *Arrives-tu à reconnaître les ingrédients ?* », « *Les odeurs te rappellent-elles des souvenirs ?* », « *Est-ce une odeur agréable ?* ».

3 Demandez-lui d'essayer de regrouper les pots par paires. Aidez-le à procéder par étapes. Il pourra secouer les pots pour collecter des informations supplémentaires qui lui seront d'une grande aide.

Variante **3 ans et +**

Adaptez vous à ses capacités

Plus votre enfant grandit, plus ses capacités de perception olfactive s'affinent. Avec le temps, augmentez le nombre de pots pour qu'il perfectionne son aptitude à distinguer les odeurs.

4 Enfin, ouvrez les pots pour découvrir s'il a réussi à identifier les odeurs. Félicitez-le pour ses efforts et rassurez-le s'il n'a pas trouvé. Ce n'est pas si évident !

Idées minute

8 mois et +

Au marché !

Emmener son enfant au marché est l'occasion de lui faire découvrir de nouvelles odeurs, de nouvelles formes colorées. Faites-lui découvrir les fruits colorés du primeur, les formes étonnantes et variées des poissons et crustacés du poissonnier et le doux parfum des lys du fleuriste. Au marché, tous les sens de votre petit seront en éveil !

2 ans et +

Memory des sons

Récupérez 6 rouleaux de carton et obstruez un côté avec de l'adhésif. Choisissez trois éléments en deux exemplaires (2 bouchons de liège, 2 billes et 2 poignées de sel, par exemple). Remplissez chaque rouleau avec un élément et fermez-le avec de l'adhésif. Demandez à votre enfant de secouer les rouleaux et d'écouter très attentivement les sons produits pour regrouper les tubes par paires.

2 ans et +

Cache-cache avec les objets

Installez-vous dans un lieu calme avec votre enfant. Déposez devant lui 4 objets différents. Invitez-le à les observer longuement avant de fermer les yeux. Retirez un objet et demandez à votre petit de nommer celui qui a disparu. Il devra mettre à l'épreuve sa mémoire visuelle pour réussir cet exercice.

7 mois et +

Coucou-caché

Cachez une balle colorée sous un foulard opaque et faites-la réapparaître subitement. Puis cachez-la de nouveau en demandant à votre bébé : « *Où est passé la balle ?* ». Lorsque qu'il vient de naître, Bébé pense que l'objet n'existe plus. Ce n'est qu'à partir de 12 mois qu'il comprend que la balle existe encore même si elle se trouve hors de son champ de vision.

2 ans et +

Nez bouché

Avec l'accord de votre enfant, bandez-lui les yeux et demandez-lui de se boucher le nez. Proposez-lui de goûter divers aliments et de tenter de les identifier. Il se rendra compte que c'est très difficile, car l'odorat et le goût sont liés. Vous pouvez aussi le lui faire constater lorsqu'il est enrhumé !

Devinette tactile

2 ans et +

Placez dans un sac à coulisse un objet (petite voiture, crayon) ou un aliment (grains de café, farine...), puis invitez votre enfant à plonger sa main à l'intérieur pour tenter de deviner de quoi il s'agit. Incitez-le à décrire les textures (doux, rugueux...). Au fil des séances, il affinera sa mémoire tactile et il parviendra à reconnaître ces matières.

Autour des jus de fruits

18 mois et +

À l'heure du goûter, votre petit adore boire du jus de fruits. Pour éveiller ses papilles et éduquer son sens du goût, proposez-lui plusieurs jus de fruits (raisin, orange...) et demandez-lui s'il les reconnaît. Vous pourrez aussi presser des fruits frais avec lui afin de lui montrer comment sont fabriquées ces délicieuses boissons !

Vive la brise !

2 ans et +

Les sorties au parc ou en forêt sont l'occasion d'observer la nature. Invitez votre enfant à être attentif à la brise qui caresse ses cheveux, aux nuages qui glissent, au sable qui pique, aux fourmis travailleuses, à l'herbe fraîche le matin, à l'odeur de la pluie...

Toucher et écouter

10 mois et +

Découpez des morceaux de tissus (45 x 45 cm) et autres matières et mettez-les à disposition de votre bébé. Froissez-les : faites-lui remarquer qu'on n'entend pas le même bruit lorsqu'on froisse de la toile de jute, du papier de soie ou du papier de verre. Invitez votre enfant à toucher à son tour les matières pour écouter les sons produits. Pour éviter les accidents, ne laissez jamais votre enfant se livrer seul à ces manipulations.

Danse avec les bulles

7 mois et +

Munissez-vous d'un tube de bulles de savon. Créez une pluie de bulles et invitez votre bébé à observer ces petites sphères aux couleurs irisées. Il sera émerveillé et suivra du regard ces bulles. En grandissant, il se déplacera pour tenter de les éclater. Préférez faire cette activité à l'extérieur en installant Bébé sur une couverture au sol.

Je développe ma créativité

Avec le temps et les expériences, votre enfant va développer son imagination et s'approprier le monde à sa manière pour créer son propre univers.

Multipliez les sources d'inspiration pour alimenter son imaginaire en lui proposant des occupations variées. Nourrissez-le de récits palpitants, de comptines « revisitées » et d'activités farfelues peuplées de personnages étonnants et attachants.

Aménagez aussi des temps libres : l'oisiveté est mère de tous les rêves. C'est pendant ces moments calmes que l'imagination entre en ébullition et que votre enfant exprime sa créativité !

dès 12 mois **durée : 5 min et +**

Sans un bruit

Ne sachant pas encore parler, le tout-petit se sert du langage corporel pour vous accompagner lorsque vous chantez. Surprenez votre bébé en revisitant une chanson à gestes sans émettre aucun son ! L'enfant se concentrera sur les mouvements et devra faire appel à sa mémoire pour suivre le déroulement de la comptine. Une activité idéale pour les temps calmes !

Activité

1 Choisissez une chanson à gestes que votre enfant apprécie particulièrement, par exemple « Les petites marionnettes ». Installez-vous avec lui et expliquez-lui l'activité.

2 Dans un premier temps, chantez la chanson traditionnellement, en effectuant les gestes associés.

3 Dans un second temps, bougez les lèvres exagérément sans émettre de sons et effectuez les gestes correspondant aux paroles de la comptine. Votre enfant va porter son attention sur vos lèvres, vos mains et rester bouche bée en attendant que vous brisiez le silence.

Les petites marionnettes

Ainsi font, font, font, les petites marionnettes,
(Faites danser vos mains.)
Ainsi font, font, font, trois petits tours et puis s'en vont *(Faites danser vos mains, puis cachez-les dans le dos.)*
Mais elles reviendront, les petites marionnettes *(Faites réapparaître vos mains.)*
Mais elles reviendront quand les enfants dormiront.

Variante **2 ans et ½ et +**

Le plus fort possible !
À cet âge, l'enfant retient facilement les paroles et les mélodies. Il est parfois capable de chanter en même temps que l'adulte. Invitez votre enfant à chanter sa chanson préférée plus fort que vous. Pour une fois qu'il est autorisé à crier, votre petit le fera avec entrain !

dès 15 mois · durée : variable

Parler en chantant

À 15 mois, les bébés sont sensibles aux rimes et aux mélodies des chansons. Parlez-lui en chantant sur les airs de ses chansons préférées. Grâce à ces airs doux et aux sons harmonieux des paroles, vous ferez subtilement diversion lors de situations difficiles. Lui faire prendre un bain n'aura jamais été aussi facile !

Mange ton riz et tes petits pois
(sur l'air de « Une fourmi m'a piqué la main »)
Mange ton riz et tes petits pois
Pour grandir ! Pour grandir !
Mange ton riz et tes petits pois
Pour grandir comme papa !

Activité

1 Dans la journée, amusez-vous à parler de temps à autre en chantant. Utilisez des mélodies que votre enfant apprécie et qu'il est en mesure de reconnaître.

2 Au moment du bain ou à l'heure du repas, par exemple, s'il vous exprime son désaccord, chantonnez une petite chanson sur un air connu. Cela va vous permettre de détourner son attention et parfois même de calmer un petit accès de colère.

3 Observez les réactions de votre enfant et les rires que cela suscite. Lorsqu'il sera plus grand, encouragez-le à parler en chantant !

L'heure du bain ! (sur l'air de « Frère Jacques »)
Mon p'tit Paul, mon p'tit Paul,
Où es-tu ? Où es-tu ?
C'est l'heur' d' prendre un bain, c'est l'heur' d' prendre un bain,
Je t'attends ! Je t'attends !

dès 2 ans

durée : 10 min et +

Comptines revisitées

Votre enfant connaît sur le bout des doigts les comptines traditionnelles que vous lui avez chantées et rechantées. Proposez-lui de nouvelles versions, sur de nouveaux airs (rock, opéra, gospel, rap...). Ces « détournements » permettent de lui montrer qu'on peut faire preuve de créativité.

Activité

1 Installez-vous dans un endroit calme avec votre enfant et expliquez-lui que vous allez chanter ses comptines préférées différemment.

2 Choisissez-en une et tentez de la chanter sur un air très différent (inventez par exemple une version rap de « Une souris verte » ou entonnez « Au clair de la lune » sur l'air d'« Allumer le feu » de Johnny Hallyday).

3 Observez les réactions de votre enfant. Il s'opposera peut-être à ce détournement outrancier et le manifestera ouvertement !

4 Expliquez-lui que le changement est intéressant et laissez-le s'imprégner de votre créativité.

Une souris verte
Une souris verte qui courait dans l'herbe
Je l'attrape par la queue
Je la montre à ces messieurs
Ces messieurs me disent :
Trempez-la dans l'huile,
Trempez-la dans l'eau
Ça fera un escargot tout chaud !

Au clair de la lune
Au clair de la lune
Mon ami Pierrot
Prête-moi ta plume
Pour écrire un mot.
Ma chandelle est morte,
Je n'ai plus de feu.
Ouvre-moi ta porte,
Pour l'amour de Dieu !

Variante

18 mois et +

En scène !
Pourquoi ne pas manifester ardemment le poing levé en déclamant les paroles de « J'ai du bon tabac » ou chanter « Au clair de la lune » en grattant votre guitare imaginaire.

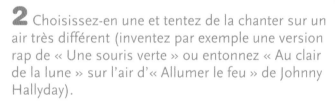

dès 2 ans · **durée : 10 min**

Chanter en maîtrisant sa respiration

Chanter en maîtrisant sa respiration et l'intensité de sa voix est un exercice qui procurera beaucoup de plaisir à votre enfant. Voilà une belle façon d'apprendre à votre bout de chou à contrôler son souffle tout en stimulant sa créativité !

Activité

1 Installez-vous confortablement dans un endroit calme et expliquez l'activité à votre enfant.

2 Chantez une comptine sur son tempo habituel.

3 Puis, chantez-la au ralenti en étirant les mots le plus possible ou en jouant sur l'intensité de la voix (en chantant de plus en plus fort par exemple). Adaptez-vous au sujet de la comptine et au moment de la journée où vous la fredonnez.

Variante · **5 mois et +**

Jouer avec les voyelles

Installez-vous avec votre bébé et prononcez (de façon continue) une voyelle de l'alphabet en jouant sur l'intensité de votre voix. Chuchotez puis augmentez progressivement l'intensité, avant de la diminuer doucement. En grandissant, votre tout-petit sera de plus en plus étonné par cette fabuleuse capacité que vous avez de jouer avec votre voix et voudra sans doute en faire autant !

Petit escargot
(à chanter de plus en plus lentement)
Petit escargot
Porte sur son dos
Sa maisonnette.
Aussitôt qu'il pleut,
Il est tout heureux,
Il sort sa tête.

Frère Jacques (à chanter de plus en plus fort, en commençant par chuchoter)
Frère Jacques, frère Jacques,
Dormez-vous, dormez-vous,
Sonnez les matines, sonnez les matines.
Ding ding dong ! Ding ding dong !

dès 15 mois

durée : 20 min

Peindre avec les objets du quotidien

Utiliser les objets du quotidien pour peindre est une manière de montrer à l'enfant que l'on peut faire appel à son imagination en détournant des ustensiles de leur utilité première.
Place à la créativité !

Matériel
Objets divers : petite voiture, gobelet en plastique, papier bulle, brosse à dents, feuilles d'arbres, éponge, etc.
Feuilles de papier
Assiettes en carton
Gouache liquide en bidon
Nappe plastifiée
Tablier

Préparation
Aménagez l'espace : protégez la table avec la nappe, versez la peinture dans les assiettes, sortez les feuilles et préparez au besoin les objets utilisés pour peindre : découpez une éponge en morceaux, confectionnez des gants en papier bulle en refermant les côtés avec de l'adhésif, etc. Ne proposez pas plus de deux outils à chaque séance, pour permettre à votre enfant d'en exploiter toutes les possibilités.

Activité

1 Expliquez l'activité à votre enfant et habillez-le d'un tablier. Présentez-lui le matériel en lui demandant à quoi servent ces objets habituellement.

2 Encouragez-le à peindre la feuille et à utiliser le matériel comme il le souhaite : il peut faire rouler une voiture, faire des cercles ou des ronds avec les deux côtés de son gobelet, tapoter ou frotter le papier bulle, projeter la peinture avec la brosse à dents ou encore réaliser des empreintes de feuilles.

3 Invitez votre enfant à observer les traces obtenues. Soyez à l'écoute de ses réactions, car sa sensibilité s'exprimera : sourire, indifférence, étonnement, etc.

Variante **2 ans et +**

Peindre avec un Coton-tige
Initiez votre enfant au pointillisme, cette technique qui consiste à apposer de petits points de peinture pour former un tout cohérent. En trempant un Coton-tige dans la peinture et en le tamponnant doucement sur la feuille de papier, votre enfant peut obtenir de très beaux dessins. Vous pouvez aussi lui faire découvrir une ou deux œuvres de Georges Seurat.

Peindre en miroir

En peignant sur une feuille puis en la pliant en deux, votre enfant va créer des impressions en miroir très colorées et étonnantes. Un vrai régal pour les yeux ! Avec un peu d'imagination, il y reconnaîtra peut-être certaines formes...

Variante — 2 ans et ½ et +

Donner vie au dessin

Vers 2 ans et demi, votre enfant peut faire appel à son imagination et distinguer parmi ces taches de couleurs une tortue, un éléphant à vélo et bien d'autres fantaisies. S'il voit un animal, vous pouvez l'inviter à coller des yeux mobiles en plastique. Voilà un dessin très rigolo !

Matériel

Gouache liquide en bidon (3 couleurs)
Feuilles de papier préalablement pliées en deux
Gobelets en plastique
Pinceau
Nappe plastifiée
Tablier

Préparation

Protégez la table, sortez les feuilles et le pinceau, versez la peinture dans les gobelets et fluidifiez-la avec un peu d'eau.

Activité

1 Expliquez l'activité à votre enfant, puis habillez-le d'un tablier.

2 Invitez-le à déposer de la peinture sur une feuille en utilisant un pinceau. Certains tout-petits préféreront renverser le contenu du gobelet sur la feuille et patouiller avec leurs mains.

3 Une fois qu'il a étalé la peinture, invitez votre enfant à replier sa feuille en deux et à la rouvrir.

4 Observez et commentez ensemble le résultat obtenu : les couleurs, les formes, les mélanges, etc.

5 À la fin de l'activité, rangez et nettoyez le matériel avec votre enfant.

dès 2 ans

durée : 20 min

Une histoire à peindre

Stimulez l'imagination de votre enfant en lui racontant une belle histoire... Il sera heureux de poursuivre les aventures du héros par un atelier peinture. À 2 ans, il est capable de se forger des représentations mentales et peut donc imaginer que l'objet utilisé pour peindre (une ficelle) est un animal (un serpent).

Matériel
Gouache liquide en bidon
Feuilles à fort grammage
Morceaux de ficelle plus ou moins épaisse
(20 cm environ)
Assiettes en carton
Nappe plastifiée
Tablier

Préparation
Protégez la table avec la nappe, versez la peinture liquide dans les assiettes en carton.

Activité

1 Expliquez le déroulement de la séance à votre enfant. Racontez l'histoire d'Ophidien, ce petit serpent albinos, qui tire parti de sa différence. Puis, habillez votre enfant d'un tablier et commencez l'atelier peinture.

2 Expliquez à votre enfant comment plier la feuille en deux, puis aidez-le à le « faire tout seul ».

3 Proposez-lui de tremper Ophidien et ses amis dans les différentes teintes, puis de les déposer sur la feuille ouverte, dans le sens de la largeur.

4 Invitez-le à refermer la feuille. Puis aidez-le à déplacer une ficelle de haut en bas en tirant l'extrémité avec une main et en maintenant la feuille avec l'autre.

5 Faites de même avec les autres ficelles, puis ouvrez la feuille pour découvrir ensemble les traces laissées par les petits serpents.

Ophidien, le petit serpent albinos

Il était une fois un petit serpent albinos prénommé Ophidien. Ophidien n'avait pas beaucoup d'amis, car il était différent des autres serpents. Alors que ses voisins se paraient de jolies couleurs, lui avait la peau aussi blanche que la neige. Vivi la vipère jaune, Coucou la couleuvre rouge, et Coco le cobra noir, refusaient de jouer avec lui.

La plupart du temps, Ophidien restait donc à la maison.

Un jour, alors qu'il aidait son père, dans son atelier... Boum badaboum ! Ophidien tomba dans un pot de peinture. Il se hissa pour sortir du pot et rampa, à la recherche d'un vieux torchon pour s'essuyer les yeux.

Quelle fut sa surprise lorsqu'il remarqua les traces colorées laissées sur son passage ! Ophidien s'empressa d'aller chercher ses voisins, qui furent très amusés et vinrent se joindre à lui pour prendre un bain de peinture.

Ophidien inventa ainsi un jeu qui fut connu et apprécié dans toute la ville... et il ne manqua plus jamais d'amis !

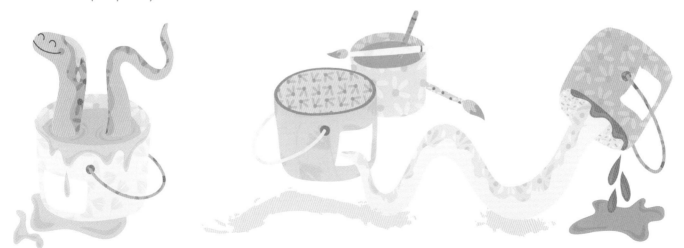

dès 18 mois

durée : 15 min

Les bulles de peinture

Conseil

Vous pouvez fabriquer une baguette artisanale en modelant un fil en métal ou une chenille.

Une dose d'eau savonneuse, une once de peinture, un peu de souffle magique et hop ! Voilà une fine pluie de bulles aux couleurs irisées qui tombe doucement sur le papier pour créer une peinture unique !

Matériel

Tubes d'eau savonneuse à bulles (un par couleur, voir recette pour les réutiliser une fois vide)
Gouache liquide en bidon
Grandes feuilles
Nappe plastifiée
Tablier

Préparation

Préférez faire cette activité à l'extérieur.
Prenez le temps d'aménager l'espace : placez une nappe et une large feuille de papier au sol, ajoutez quelques gouttes de peinture aux liquides savonneux.

Recette de l'eau savonneuse

Dans un bol, faites dissoudre 2 cuillères à soupe de sucre dans 33 cl d'eau. Ajoutez 10 cl de liquide vaisselle et remuez doucement. Enfin, ajoutez 5 cl de glycérine (disponible en pharmacie). Remuez de nouveau. Versez la préparation dans des tubes (un par couleur) et laissez reposer quelques heures. Ajoutez une cuillère à café de peinture dans chaque tube.

Activité

1 Expliquez l'activité à votre enfant et habillez-le d'un tablier.

2 Présentez-lui le matériel et faites-lui une démonstration.

3 Invitez votre petit à tremper le manche dans le produit savonneux, puis à souffler dans le cercle, en direction de la feuille, pour créer des bulles.

4 Observez et commentez les actions de votre enfant : « *Oh ! Tu souffles rapidement pour faire plein de petites bulles ; tu peux aussi souffler lentement pour créer une bulle plus grosse* ». C'est aussi l'occasion de découvrir de nouveaux mots (reflet, couleur irisée...).

5 Mettez des mots sur les différentes sensations éprouvées : « *Tu sembles émerveillé par les bulles de couleur* ».

6 À la fin de l'activité, nettoyez et rangez le matériel avec votre enfant.

dès 18 mois · **durée : 15 min et +**

Une explosion de couleurs

En projetant un peu de peinture sur une feuille, les couleurs se superposent de manière aléatoire. Si cette technique, le « dripping », a fait le succès de l'artiste Jackson Pollock, elle fera sans aucun doute la joie de votre enfant !

3 Accompagnez votre enfant en mettant des mots sur ses sensations et ses actions : « *Je vois que tu préfères laisser ton pinceau goutter sur le papier !* »

4 À la fin de l'activité, observez ensemble les traces. Vers l'âge de 2 ans, l'enfant peut faire appel à son imagination pour repérer des formes ou attribuer une énergie à sa peinture : « *Oh ! Une bagarre de couleur !* »

Matériel

Feuilles de papier (format A1)
Gobelets en plastique
Gouache liquide en bidon
Outils divers : pinceaux, cuillère...
Nappe plastifiée et tablier

Préparation

Préférez faire cette activité à l'extérieur. Protégez largement le sol avec la nappe, versez la peinture dans les gobelets et fluidifiez-la avec de l'eau. Sortez les feuilles et les pinceaux et posez-les sur une table, à hauteur d'enfant. Revêtez votre petit d'un tablier.

Activité

1 Expliquez à votre enfant l'activité et présentez-lui le matériel. Fixez les règles : il est interdit de courir ou de marcher sur la feuille en papier.

2 Faites-lui une démonstration, puis invitez-le à se lancer dans l'activité, comme il le souhaite. Certains plongeront le pinceau dans la peinture, puis la projetteront sur la feuille alors que d'autres préféreront laisser goutter leur outil sur la feuille. D'autres encore trouveront plus amusant de renverser le contenu des gobelets !

Conseil

Vous pouvez participer à l'éveil culturel de votre enfant dès son plus jeune âge, en lui présentant brièvement quelques œuvres de l'artiste Jackson Pollock. Utilisez un support visuel (images, livre...) et invitez-le à commenter ce qu'il voit. Une bonne idée pour nourrir sa créativité !

dès 2 ans

durée : 20 min

Peindre avec des billes

Pinceaux, mains, éponges… Votre enfant commence à maîtriser tous ces outils. Il est beaucoup moins aisé de peindre avec des billes qui roulent sur un plateau, car leur trajectoire est difficile à contrôler. Mais, le résultat en est d'autant plus surprenant !
Roule, roule, petite bille…

Conseil

Soyez particulièrement attentif pendant l'activité, pour vous assurer que votre enfant ne porte pas les billes à la bouche. Par mesure de sécurité, ne le laissez jamais se livrer seul à cette activité.

Matériel

Plateau ou large bac en plastique
4 à 6 grosses billes
Gouache liquide en bidon (3 ou 4 couleurs)
Feuilles de papier
Assiettes en carton
Nappe plastifiée
Tablier

Préparation

Protégez la table avec la nappe, versez un peu de peinture dans les assiettes en carton.

Activité

1 Après avoir habillé votre enfant d'un tablier, présentez-lui le matériel et expliquez l'activité.

2 Invitez votre petit artiste à placer une feuille de papier sur le plateau (ou dans le bac) et à y déposer une, puis 2, puis 3 billes… qu'il aura préalablement trempées dans la peinture.

3 Encouragez-le à incliner lentement le plateau de droite à gauche et d'avant en arrière. En observant le déploiement des billes sur le papier, il tentera tant bien que mal de contrôler leurs trajectoires.

4 Commentez les découvertes de votre enfant : les effets, le mélange des couleurs, la difficulté à contrôler les trajectoires des billes…

5 Procédez au rangement et au nettoyage en invitant votre enfant à vous aider.

dès 3 ans **durée : 15 min**

Peindre avec des pailles

Une petite goutte de peinture liquide et une paille : il n'en faut pas plus pour faire découvrir à votre petit une technique originale qui va lui permettre de donner vie à ses peintures grâce à son souffle !

Matériel

Gouache liquide (3 ou 4 couleurs)
Paille
Feuilles de papier
Gobelets en plastique
Cuillère en plastique
Nappe plastifiée
Tablier

Préparation

Aménagez l'espace : protégez la table avec la nappe, versez la peinture dans les gobelets en plastique et fluidifiez-la avec de l'eau.

Activité

1 Expliquez l'activité à votre enfant, habillez-le d'un tablier et asseyez-le.

2 Avant de commencer l'activité, demandez à votre enfant de vous montrer comme il souffle fort !

3 À l'aide de la cuillère, invitez-le à déposer quelques gouttes de peinture sur sa feuille en les espaçant. Puis, demandez-lui de souffler dans la paille, en direction de ces gouttes pour qu'elles glissent sur la feuille.

4 Incitez-le à faire appel à son imagination en tentant de repérer des formes (animaux, arbres, etc.).

5 À la fin de l'activité, rangez le matériel en sollicitant son aide.

 **Variante** **2 ans et +**

Souffler et colorer

En attendant de pouvoir se livrer à une activité « peinture avec des pailles », invitez votre jeune enfant à exercer son souffle. Encouragez-le à plonger 3 balles de ping-pong dans de la gouache largement fluidifiée. Demandez-lui de les déposer sur une feuille (fixée avec de l'adhésif sur un plateau à bords hauts) et de souffler dessus pour réaliser de jolies peintures.

93

dès 2 ans · **durée : 20 min et +**

Carte de vœux

Les fêtes de fin d'année approchent à grands pas ! Pour cette occasion très spéciale, vous pouvez inviter votre enfant à fabriquer une carte de vœux en utilisant de l'encre et du gros sel. Cette technique ingénieuse donnera vie à un paysage qui illustre la féérie de Noël.

Matériel

2 feuilles de papier cartonné blanches
Encres de couleur : bleu, vert, jaune
Pinceaux
Gros sel
Colle en bidon
Nappe plastifiée
Tablier

Préparation

Protégez la table avec la nappe, versez la colle dans l'assiette, mettez les pinceaux à portée de l'enfant. Préparez la carte : pliez une feuille en deux et découpez un cadre de 18 x 12 cm.
Découpez un sapin sur la deuxième feuille de papier en veillant à ce qu'il entre dans le cadre précédent.

Activité

1 Habillez votre enfant d'un tablier. Présentez-lui le matériel et l'activité, en lui expliquant qu'elle se déroulera en deux temps (peinture et collage).

2 Invitez-le à recouvrir abondamment le sapin d'encres verte et jaune, puis à peindre la carte du dessous en bleu.

3 Aidez votre enfant à disperser le gros sel sur le sapin et le décor. Le gros sel absorbe le surplus d'encre en laissant apparaître des petits points blancs qui évoquent la neige.

4 Laissez sécher et retirez le gros sel pour découvrir le splendide décor enneigé.

5 Aidez votre enfant à coller le sapin sur le fond, dans le cadre, et déposez-le sous une charge lourde pour éviter que la carte gondole.

6 Demandez à votre enfant ce qu'il souhaite que vous écriviez au dos de la carte.

Variante **2 ans et +**

Pour les autres occasions...

Vous pouvez aussi mettre en œuvre cette technique en proposant à votre enfant de réaliser une jolie carte d'anniversaire ou bien encore, pour toutes autres occasions (nouvel an, carte d'invitation, etc.).

dès 2 ans **durée : 20 min**

Fabriquer, s'écouter pour exister

Contribuez à l'éveil culturel de votre enfant et développez son imagination en l'invitant à fabriquer un bâton de pluie. Votre petit se plaira à recréer le bruit de la pluie grâce à ce petit bricolage simple et astucieux.

Matériel

Un tube en carton rigide (rouleau d'aluminium)
Adhésif
Pinceau
Gouache liquide en bidon
Vernis
Petits éléments pour garnir le tube : gros sel, riz rond...
Nappe plastifiée
Tablier

Activité

1 Protégez la table. Expliquez l'activité à votre enfant et mettez-lui un tablier. Puis présentez-lui le matériel.

2 Proposez-lui de peindre le tube. Incitez-le à utiliser plusieurs couleurs. Laissez sécher.

3 Vernissez le tube pour le protéger. Laissez sécher.

4 Fermez l'une des extrémités à l'adhésif. Puis, demandez à votre enfant de remplir le bâton avec les éléments choisis. Obstruez l'autre extrémité.

5 Invitez votre enfant à produire des sons en retournant le bâton ou en le secouant.
N'hésitez pas à le valoriser : « *Es-tu fier d'avoir créé cet instrument ?* »

Variante **5 mois et +**

Les maracas des tout-petits
Récupérez de petites bouteilles en plastique. Remplissez-les avec divers éléments (riz, petits cailloux, billes). Par mesure de sécurité, fixez le bouchon avec de l'adhésif. Bébé découvrira que les sons diffèrent en fonction du contenu de la bouteille et de l'amplitude de ses mouvements. Cette activité doit se dérouler sous votre surveillance constante.

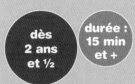

Une histoire tout en origami

Associer une histoire à des gestes permet de capter davantage l'attention de l'enfant et de la rendre plus étonnante encore.

Avec ces pliages faciles à réaliser, l'enfant sera émerveillé par cette feuille qui tour à tour devient sous ses yeux chapeau, casquette puis bateau.

Matériel

Feuille de papier (format A3 de préférence)
Une grande bouteille en plastique
Huile
Eau
Colorant alimentaire bleu
Sac pouvant contenir la bouteille

Préparation

Remplissez la bouteille d'eau (1/3). Ajoutez plusieurs gouttes de colorant et l'huile (2/3). Refermez la bouteille et renforcez le bouchon avec de l'adhésif. Glissez la bouteille dans le sac.

Activité

1 Installez-vous confortablement dans un endroit calme. Posez le sac de façon à ce qu'il soit visible, mais ne l'ouvrez pas. Expliquez à votre enfant que vous allez lui raconter une histoire.

2 Racontez les aventures d'Agualito et accompagnez votre récit par les pliages.

3 Lorsque l'histoire est terminée, sortez la bouteille du sac et inclinez-la lentement de droite à gauche. On croirait voir l'océan...

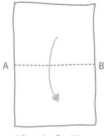

1. Pliez la feuille en deux.

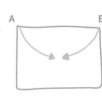

2. Ramenez A et B vers le centre.

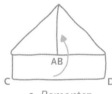

3. Remontez le bord CD.

4. Rabattez les coins C et D et le bord EF vers l'arrière.

5. Rabattez les coins E et F vers l'avant.

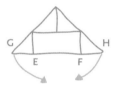

6. Rapprochez G et H.

7. Pliez G sur I et retournez la feuille.

8. Pliez H sur I.

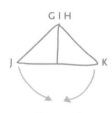

9. Rapprochez J et K.

10. Écartez G et H.

11. Voilà un beau bateau !

Pour raconter l'histoire de façon plus naturelle, entraînez-vous un peu à faire les pliages. Vous en avez sans doute déjà fait à l'école, cela reviendra très vite !

Un morceau d'océan pour maman

Il était une fois un petit garçon nommé Agualito qui aimait très fort sa maman.

Il l'aimait tellement fort qu'il décida de lui offrir un cadeau très spécial : il voulait capturer pour elle un **morceau d'océan** ! *(Commencez le pliage : étapes 1 à 5.)*

Dans sa chambre, Agualito se prépara pour son voyage : il saisit un sac en toile, mit son **chapeau** sur sa tête et sortit. *(Rapprochez le sac et mettez le chapeau sur votre tête.)*

Arrivé au port, Agualito échangea son chapeau contre une **casquette de capitaine** *(poursuivez les étapes 6 à 9)* et grimpa à bord de son bateau extraordinaire pour conquérir le grand large. *(Mettez la casquette de capitaine sur votre tête.)*

Dans l'immensité de l'océan, Agualito fit de belles rencontres : une mouette très chouette et un requin très coquin. Il profita aussi d'un **superbe** paysage. *(Étapes 10 et 11.)*

Au milieu de l'après-midi, une tempête gronda. Les **vagues** et le **vent** dansaient pour lui offrir un spectacle inoubliable. *(Faites tanguer le bateau en papier.)*

Agualito profita de cet instant unique pour capturer les vagues salées. Lorsque la pluie cessa, le souffle du vent guida le **bateau** vers le port. *(Soufflez sur le bateau.)*

Agualito rentra chez lui, ouvrit son sac et offrit à sa maman un merveilleux cadeau : un morceau d'océan ! *(Sortez la bouteille et inclinez-la lentement de droite à gauche plusieurs fois.)*

dès 18 mois　**durée : 15 min**

Une souris affamée

Spirales, arabesques en tout genre, traits, points... Dès 18 mois, les enfants commencent à maîtriser les gestes de la main pour faire de jolis dessins. Surprenez votre petit artiste en lui proposant une feuille trouée, grignotée par une petite souris. Une astuce ingénieuse pour faire travailler son imagination et sa motricité fine !

Matériel
Feuille de papier jaune
Feutres
Ciseaux ou cutter
Nappe plastifiée

Préparation
Découpez de nombreux trous de tailles variées sur une feuille de papier jaune et rangez les ciseaux (ou le cutter). Protégez la table avec la nappe et mettez le matériel à disposition de l'enfant.

Variante　**15 mois et +**

Dessin au sol
Votre enfant éprouve énormément de plaisir à dessiner mais peut avoir des difficultés à restreindre ses tracés à l'espace d'une feuille A4. En conséquence, il est préférable d'aménager l'espace au sol avec une large feuille de papier.

Activité

1 Proposez à votre enfant une activité « dessin » et présentez-lui le matériel.

2 Invitez-le à observer la feuille et sollicitez ses réactions. Votre enfant sera sans doute intrigué par cette feuille grignotée et fera appel à son imagination : « *Une souris a dû trouver ce gruyère bien appétissant !* »

3 Incitez-le à dessiner en tenant compte de ces nouvelles données : il peut dessiner en évitant les trous, faire des ronds concentriques ou relier les trous... Libre à lui d'investir la feuille comme il l'entend !

dès 18 mois **durée : 10 min**

L'invasion des araignées velues

Au secours ! Le salon est envahi par des araignées velues et toute la famille est très effrayée ! Pas de panique ! Appelez votre enfant à la rescousse et invitez-le à parcourir la maison pour capturer ces bestioles indésirables. Armé d'une petite pince à linge votre enfant va devoir allier dextérité et rapidité pour débarrasser la maison de ces invitées encombrantes.

Matériel
Laine noire
Papier
Ciseaux
80 chenilles noires de 6 cm
20 yeux mobiles
1 pince à linge
1 sac

Préparation
Fabriquez 10 pompons (voir instructions du « Mobile à plumes », p. 58) et collez 8 chenilles pour faire les pattes. Ajoutez les yeux mobiles.
Cette préparation demande un peu de temps, mais ce jeu peut être mis en œuvre plusieurs fois.

Activité

1 Dispersez les vilaines araignées poilues dans une pièce (au sol, sur des meubles bas...). Puis invitez votre enfant à partir à la chasse et à les attraper avec sa pince à linge. Il pourra les ranger dans le sac.

2 Faites semblant d'avoir peur pour amuser votre enfant. N'hésitez pas à exagérer vos réactions, pour qu'il comprenne que « c'est du cinéma ». S'il paraît lui-même effrayé par ces bestioles indésirables, rassurez-le et partez à la chasse avec lui !

3 À la fin de l'activité, félicitez sa bravoure. Vous pouvez terminer la séance en entonnant la chanson « L'araignée Gipsy ».

L'araignée Gipsy
L'araignée Gipsy
Monte à la gouttière
Tiens voilà la pluie !
Gipsy tombe par terre
Mais le soleil a chassé la pluie.

Variante **10 mois et +**

Attraper l'araignée
Avec les bébés, mieux vaut utiliser un accessoire pour leur permettre de visualiser le personnage d'une comptine. Chantez « L'araignée Gipsy » en manipulant le pompon araignée. Votre enfant s'amusera à essayer de l'attraper. Soyez très vigilant pour l'empêcher de porter l'araignée à la bouche. Ne la laissez pas à sa disposition.

dès 2 ans

durée : 15 min

Cache-cache avec Doudou

Doudou est d'humeur farceuse. Pendant que votre enfant prenait son petit-déjeuner, il en a profité pour aller se cacher. N'est-il pas coquin ce doudou qui joue à cache-cache de si bon matin ? Voilà une belle façon de développer l'imagination de votre tout-petit en stimulant ses capacités de raisonnement.

Conseil

Vous pouvez aussi spontanément mettre en œuvre cette activité à chaque fois que votre enfant égare un jouet.

Activité

1 Expliquez la situation à votre enfant : Doudou joue à cache-cache pour lui faire une petite farce.

2 Avant de se lancer à la recherche de son doudou, invitez-le à envisager toutes les cachettes possibles en faisant appel à ses souvenirs.

3 Encouragez-le à organiser ses idées et à procéder étape par étape dans ses recherches. Il devra fouiller la maison pièce par pièce.

4 S'il ne parvient pas à le retrouver, orientez un peu l'enquête : « *Doudou n'est caché pas sous ton lit... Peut-être qu'il se cache dans ton armoire !* »

Variante **2 ans et ½ et +**

Dans le noir
Éteignez les lumières et invitez votre enfant à allumer une lampe torche pour partir à la recherche de son doudou ! Il devra orienter le faisceau de lumière sur les zones à explorer et faire appel à sa mémoire spatiale pour se diriger.

dès 2 ans · **durée : 15 min**

Jouer au docteur

En allant cueillir des mûres dans le jardin de Grand-mère, Petite Poupée est tombée dans le buisson de ronces et s'est égratigné les bras, les jambes et le visage. Aïe aïe aïe... En invitant votre enfant à panser ses plaies, vous contribuerez à développer sa motricité fine mais aussi son sens de l'empathie et de l'entraide.

 **Variante** · **2 ans et +**

Une jambe dans le plâtre

Petite Poupée s'est cassé la jambe. Demandez à votre enfant de la soigner, en enroulant cette dernière avec des bandes de tissu blanc (un vieux drap que vous aurez pris soin de découper). Avec ce joli plâtre et un gros bisou, elle ne devrait pas tarder à se remettre sur pied !

Matériel
Vieille poupée en plastique
Feutre rouge lavable
Pansements
Abaisse-langue (bâtonnet de glace)
Coton

Préparation
Avec le feutre, parsemez la poupée en plastique de points rouges.
Préparez le matériel et mettez-le à disposition de l'enfant, sur une table à sa hauteur.

Activité

1 Présentez la poupée à votre enfant et racontez-lui ses mésaventures.

2 Suggérez-lui de soigner la poupée et proposez-lui le matériel : pansements, coton... Encouragez-le à décoller les pansements et invitez-le à parler à la poupée pour la rassurer.

3 Pour guérir plus vite, Petite Poupée aura sans doute besoin d'un gros câlin.

  Conseil

Votre enfant peut jouer au docteur à tout moment, mais cette activité est d'autant plus utile quand il est malade. Prendre soin des autres est un bon moyen de lui faire oublier ses petits bobos !

Je développe mon imagination

101

Idées minute

Comptines en images

Bébé est trop petit pour exprimer ses désirs. Alors, comment savoir quelle comptine il aimerait entendre ? Découpez et collez sur du papier cartonné des images illustrant les chansons traditionnelles (une souris verte, etc.). Montrez-lui les cartes une à une : d'un geste ou d'un babillement, votre petit fera son choix. S'il ne sait pas encore parler, il reconnaîtra certainement son personnage préféré ! Plus tard, vous pourrez aussi laisser faire le hasard en lui demandant de piocher une image.

Ma première expo peinture

Suggérez à votre enfant d'accrocher ses dessins dans sa chambre. À l'occasion, il pourra inviter ses grands-parents à découvrir tous ses chefs-d'œuvre. Les encouragements et les félicitations des autres membres de la famille lui permettront de renforcer son estime de soi. De plus, au fil des mois, chacun pourra se rendre compte de ses progrès.

Dessins éphémères

Aux beaux jours, pourquoi ne pas proposer une activité de peinture originale en plein air ? Invitez votre enfant à peindre avec de l'eau sur le sol bétonné de la terrasse ou du balcon. En hiver, proposez-lui plutôt de dessiner avec son doigt sur une vitre embuée.

Dessiner les yeux bandés !

Avec le temps, votre enfant s'intéresse peu à peu aux traces qu'il laisse avec son feutre. Surprenez-le en lui proposant une activité de dessin originale. Bandez-lui les yeux et invitez-le à dessiner ainsi. Pas facile alors de s'orienter dans l'espace de la feuille !

Raconte-moi les nuages !

Le soleil rayonne et le ciel est nuageux... Profitez-en pour vous allonger dans un parc et observer les nuages avec votre enfant. Donnez vie aux formes observées : « *Vois-tu ce mouton qui crache du feu dans le ciel ?* » Bientôt, lorsqu'il saura parler, c'est lui qui vous racontera tout ce qu'il voit.

3 ans et +

Drôle de bête !

Imprimez plusieurs animaux en veillant à ce qu'ils aient la même taille et aidez votre enfant à les couper en 3 parties (tête, corps et queue). Encouragez-le ensuite à imaginer une sorte de chimère en assemblant les membres comme il le désire. Quel curieux animal !

2 ans et +

La toupie des couleurs

Faites découvrir à votre enfant le « spin art » ! Cette technique, qui utilise la force centrifuge pour répartir la peinture sur une feuille, n'est pas réservée aux grands artistes contemporains ! Une feuille de papier fixée sur le couvercle d'une casserole et un peu de gouache liquide, il n'en faut pas plus pour se laisser transporter dans un tourbillon de couleurs ! Préférez toutefois faire cette activité à l'extérieur et pensez à protéger le sol.

12 mois et +

Chapi chapeaux...

En grandissant, votre bébé prend plaisir à se déguiser. Rassemblez toutes sortes de chapeaux (toque, chapeau de paille, béret, bonnet, casquette, etc.) et installez-vous avec votre enfant devant un miroir. Nommez les chapeaux, leur couleur, leur utilité, afin de développer son vocabulaire.

8 mois et +

Une sortie au musée

Si vous aimez visiter les musées, n'hésitez pas à y emmener votre enfant (une petite heure) et à lui montrer vos œuvres préférées. Soyez à l'écoute des réactions de votre tout-petit ! Lorsqu'il sera assez grand, demandez-lui d'observer un tableau et de projeter son imagination pour vous dire ce qu'il voit. Vous pouvez aussi lui donner un carnet à dessin pour qu'il puisse griffoner selon son inspiration.

2 ans et ½ et +

Peinture magique !

Le jus de chou rouge est surprenant : il change de couleur comme par magie lorsqu'il entre en contact avec du citron ou de l'eau savonneuse ! Badigeonnez des feuilles blanches avec le jus de chou et laissez sécher. Puis, invitez votre petit à peindre avec du jus de citron pour créer une belle teinte rosée et de l'eau savonneuse pour obtenir une nuance bleutée.

Aide-moi à faire tout seul !

Bébé découvre le monde qui l'entoure et apprend chaque jour de nouvelles choses. Il fait ses propres expériences, développe rapidement ses aptitudes et grandit bien vite. Et puis un jour, votre petit homme veut faire tout seul... Encouragez-le dans son désir d'autonomie en l'incitant à se laver ou à manger sans votre aide (mais toujours sous votre œil bienveillant). Invitez-le à vous assister dans les tâches du quotidien. Fier de ses nouvelles capacités, c'est avec plaisir qu'il vous montrera ce dont il est capable. Progressivement, à son rythme, Bébé deviendra grand !

Manger tout seul, c'est facile !

dès 14 mois | **durée : variable**

C'est l'heure du repas : votre enfant plonge sa main dans le verre d'eau, patouille dans la compote, écrabouille le fromage... Vous préférez donc lui donner la béquée de peur qu'il « redécore » les murs de purée ! Malgré vos appréhensions, respectez son envie de « faire tout seul » pour lui permettre de grandir !

Matériel
2 cuillères (une pour votre enfant et une pour vous)
Bâche plastifiée (si besoin)
Gant mouillé

Préparation
Étendez au besoin une bâche au sol. Installez de préférence votre enfant à la table familiale sur une chaise haute, pour qu'il puisse partager le repas avec vous et donnez-lui une cuillère.
Veillez à ne pas mélanger la viande et les légumes pour lui permettre de découvrir le goût de chaque aliment.

Activité

1 Laissez votre enfant découvrir les aliments avec ses doigts, mais incitez-le à utiliser sa cuillère en lui faisant une petite démonstration : « *Regarde comment j'utilise ma cuillère pour manger.* »

2 Encouragez-le à manger tout seul en corrigeant si nécessaire la tenue de sa cuillère. S'il a besoin d'aide, donnez-lui à manger avec la deuxième cuillère.

3 N'hésitez pas à lui faire goûter votre propre repas : sauce, fromage corsé...

4 À la fin du repas, proposez-lui de se débarbouiller la bouche et les mains « tout seul » en lui donnant un gant mouillé. Aidez-le un peu s'il le demande.

5 Terminez le repas en lui chantant une comptine pour valoriser ses efforts.

Tu manges ta purée
(sur l'air de « Dansons la capucine »)
Tu manges ta purée
En tenant ta cuillère
C'est dur d'y arriver
Tu peux être très fier !

Variante — **18 mois et +**

Je mets et je débarrasse la table
Votre enfant vous aide volontiers au moment du repas : c'est le moyen de vous montrer qu'il est devenu grand. Proposez-lui dans un premier temps de distribuer les morceaux de pain. Par la suite, vous pourrez lui confiez la responsabilité de mettre les serviettes ou les verres.

dès 20 mois **durée : 15 min et +**

Se laver, c'est amusant !

Sensibilisez votre enfant à son hygiène corporelle et incitez-le à se laver « tout seul » pour lui permettre de gagner en autonomie. Afin qu'il accepte cette tâche quotidienne sans la percevoir comme une obligation, accompagnez-le de façon ludique en transformant cet apprentissage en une activité stimulante, source de bien-être.

Matériel
Matériel pour le bain (savon, shampoing, serviettes, vêtements de rechange, etc.)
2 gants (1 pour lui et 1 pour vous)

Activité

1 Invitez votre enfant à prendre son bain ou sa douche en lui chantant la chanson « L'heure du bain » (voir « Parler en chantant », p. 83) et aidez-le à préparer le matériel dont il aura besoin.

2 Aidez-le à se déshabiller, puis, invitez votre enfant à réaliser sa toilette « tout seul ». Donnez-lui le gant et nommez les parties du corps qu'il doit laver : « *Peux-tu me montrer où est ton ventre et le laver ?* »

3 Chantonnez la comptine « L'eau, ça mouille », pour l'inciter à frotter.

4 Restez à ses côtés et félicitez-le : « *Bravo ! Tu deviens grand !* »

5 Enfin, invitez-le à s'habiller tout seul en lui apportant votre aide.

L'eau, ça mouille
(Sur l'air de « Frère Jacques »)
L'eau ça mouille, ça chatouille,
Le savon sent très bon,
Prendre soin de son corps,
Ça demande des efforts !
Frotte ! Frotte ! Frotte !
Plic ! Plac ! Ploc !

Astuce !
Pour la partie délicate du visage, n'hésitez pas à entonner une chanson (voir « Jeux de visage », p 11).

Variante **14 mois et +**

Je me lave les mains
Invitez votre enfant à se laver les mains régulièrement dès son plus jeune âge : après le passage sur le pot, après s'être mouché le nez, avant et après les repas, après avoir joué avec un animal, etc. Faites-le monter sur un marchepied et demandez-lui de se frotter les paumes, les ongles et les doigts pour éliminer la saleté. Avec le temps, le lavage de mains deviendra un acte spontané.

dès 22 mois **durée : 5 min**

Se brosser les dents, c'est tentant !

En grandissant, les enfants doivent faire face à un ennemi redoutable : la carie ! Heureusement, ils manifestent très tôt le désir de se brosser les dents pour faire « comme les grands ». Armé d'une brosse à dents et de dentifrice, initiez donc votre petit à l'hygiène bucco-dentaire !

Matériel
Dentifrice pour enfants
Brosse à dents adaptée à l'âge

Activité

1 Pour commencer, invitez votre enfant à vous observer pendant que vous vous lavez les dents. Montrez-lui le matériel et nommez-le.

2 Expliquez-lui qu'il est important de nettoyer toutes les parties de son corps : « *On utilise du savon pour le corps, du shampoing pour les cheveux, un Coton-tige pour les oreilles... Pour les dents, on utilise une brosse et du dentifrice !* »

3 Invitez-le à tenir correctement sa brosse à dents et à y déposer une noisette de dentifrice.

4 Puis, montrez-lui les gestes qu'il doit adopter pour se brosser efficacement les dents, en chantant la comptine « Tu brosses tes dents ».

5 Expliquez-lui qu'il doit rincer sa bouche et en recracher le contenu. Au début, il aura plutôt tendance à avaler le dentifrice.

Tu brosses tes dents
(sur l'air de « L'empereur, sa femme
et le petit prince »)
Tu prends ta brosse
Et puis tu mets du dentifrice
Pour brosser tes dents de derrière et de d'vant !
Tu frottes bien tes dents,
Du rose vers le blanc,
Puis tu craches la mousse et tu te rinces la bouche !

Conseil

Pour renforcer cet apprentissage, expliquez à votre enfant que le sucre à forte dose est mauvais pour les dents.

S'habiller seul, c'est gratifiant !

Enfiler son pantalon à l'endroit, dompter une paire de chaussettes... Votre enfant a décidé de braver les difficultés pour s'habiller tout seul. Proposez-lui une activité ludique pour qu'il puisse exercer sa motricité fine. Quoi de plus amusant que de piocher dans la garde-robe des parents pour emprunter des accessoires et se mettre en scène ?

Matériel

Vieux vêtements d'adulte : chemises à boutons et boutons-pression, pantalon large à fermeture Éclair, robe, pull, etc.
Accessoires : chaussures à Velcro et à lacets, ceinture, etc.

Activité

1 Mettez à disposition les vêtements. Invitez votre enfant à faire son choix. Pour lui, enfiler ces habits demandera un peu de patience.

2 Nommez les différents systèmes de fermeture en laissant votre enfant les manipuler sans lui dire comment il doit procéder. La réflexion fait partie de la découverte.

3 Lorsqu'il aura enfilé les habits, invitez-le à écouter le bruit des systèmes de fermeture (zip, scratch, etc.) en les manipulant.

4 Incitez-le à faire preuve de créativité en proposant un jeu de rôle : votre enfant prendra plaisir à vous imiter en endossant le rôle du parent !

5 À l'issue de l'activité, demandez à votre enfant de vous aider à ranger les vêtements.

Variante — 2 ans et +

Quel temps fait-il ?

Avant de sortir, invitez votre enfant à regarder par la fenêtre pour observer le temps qu'il fait. Demandez-lui de commenter ce qu'il voit (couleur du ciel, pluie, neige, mouvement des branches, etc.). Il pourra alors décider presque « tout seul » de la manière dont il doit s'habiller, en se référant à ces observations.

dès 15 mois **durée : 30 min**

À vos recettes !

Cuisiner est une activité savoureuse, truffée de plaisir et de découverte. Ajoutez une dose de gourmandise et un soupçon de créativité pour une recette inratable. Mmm... La vie, comme le pain perdu, se croque à pleines dents !

Matériel
Ustensiles de cuisine adaptés aux enfants
Tabliers

Préparation
Invitez votre enfant à vous aider à lister les ingrédients nécessaires et emmenez-le faire les courses. C'est le moment idéal pour lui faire découvrir la diversité des produits.
De retour à la maison, sortez tout le matériel dont vous avez besoin. Enfilez un tablier et mettez-en un à votre enfant. Il est important que vous lui montriez l'exemple.

Activité

1 Lavez-vous les mains ensemble : c'est l'occasion de lui expliquer les règles d'hygiène à respecter.

2 Présentez la recette, le déroulement de l'activité et les ustensiles.

3 Nommez les ingrédients. Proposez à votre enfant de toucher les différents ingrédients pour découvrir leurs textures : « *La matière est-elle granuleuse ?* »

4 Débutez la préparation. Lisez à haute voix chaque étape. Invitez votre enfant à écouter les nouveaux sons (batteur...) et à goûter les préparations. Ne le laissez jamais gérer seul la préparation ou la cuisson.

5 Lorsque l'activité est terminée, nettoyez ensemble le plan de travail et lavez-vous de nouveau les mains.

Pain perdu
Ingrédients : ½ litre de lait, 2 œufs, 50 g de sucre, 4 tranches de pain rassis
1. Dans un saladier, mélangez les œufs, le sucre et le lait. Fouettez le tout.
2. Trempez rapidement les tranches de pain sec dans la préparation. Puis pressez-les pour enlever le surplus de lait.
3. Faites revenir les tranches de pain dans une poêle beurrée bien chaude.

Il ne reste plus qu'à déguster ces succulentes tranches de pain dorées à souhait avec une belle boule crème glacée.

Crêpes
Ingrédients : 4 verres de lait, 3 œufs, 2 verres de farine, 1 pincée de sel
1. Versez dans un saladier la farine, les œufs et le sel.
2. Délayez la pâte avec le lait, petit à petit pour éviter les grumeaux.
3. Versez un peu de pâte dans une poêle bien chaude, légèrement beurrée. Veillez à bien en recouvrir toute la surface. Lorsque la crêpe se détache, retournez-la.

Avec un peu de sucre ou de confiture, elles sont irrésistibles !

dès 15 mois

durée : 20 min

Premières plantations

Non, les fruits et légumes ne poussent pas sur les étals du marché ! Faites découvrir les mystères de la nature à votre tout-petit en l'invitant à réaliser et à prendre soin de ses premières plantations. Nul besoin d'avoir la main verte pour réussir cette expérience qui demande patience et attention.

Matériel
Petits pots individuels et jardinières
Graines (fraisiers, radis, persil, ciboulette, etc.)
Terreau
Outils légers adaptés aux enfants : petit arrosoir, etc.
Tablier, vêtements usés

Préparation
Cette activité peut être proposée à l'intérieur avec des jardinières ou dans le jardin. Si nécessaire, protégez le sol (avec une bâche). Mettez le matériel à disposition de l'enfant.

Variante **3 ans et +**

Expressions autour des fruits et légumes
Pour clore une activité de jardinage, vous pouvez jouer avec les mots : il existe de nombreuses expressions qui utilisent les noms de fruits et légumes : « haut comme trois pommes », « rouge comme une tomate », « appuyer sur le champignon »...

Activité

1 Expliquez l'activité à votre enfant et revêtez-le d'un tablier.

2 Nommez les ustensiles et les matériaux en expliquant leur utilité.

3 Puis laissez votre petite toucher les matériaux (graines, terre...) pour découvrir de nouvelles textures (doux, piquant, rugueux). Invitez-le à s'exprimer : « *Aimes-tu l'odeur de la terre ?* »

4 Puis, ensemble, plantez et arrosez les graines. Expliquez-lui qu'il devra les arroser, par exemple toutes les semaines (en fonction de l'espèce choisie).

5 Demandez à votre petit de vous aider à ranger, puis, en guise de transition, vous pouvez lui chanter une comptine ou l'inviter à regarder un livre d'images en rapport avec le jardinage.

À savoir
Dès 18 mois, votre enfant sera en mesure de faire un parallèle entre la graine qu'il a mise en terre et le germe qui poussera. Expliquez-lui que les fruits et légumes qu'il mange poussent dans la terre (radis), sur des arbres (pommiers) ou des plantules (fraisiers).

dès 15 mois **durée : 15 min**

Jeu de quilles

Les tout-petits prennent plaisir à jeter les objets pour faire des expériences. Dans cette partie de jeu de quilles, l'enfant mobilise son corps et développe ses capacités de concentration et de persévérance pour atteindre son but. Avec le temps, il améliore la précision de ses lancers. Prêt pour un strike ?

Conseil

Cette activité peut aussi se pratiquer à l'intérieur avec une paire de chaussettes roulées en boule en guise de balle.

Matériel
Jeu de quilles légères ou 6 grandes bouteilles en plastique
Balle

Préparation
À l'extérieur, disposez au sol les quilles en triangle (d'abord 3 puis 2 derrière et enfin une).

Activité

1 Présentez l'activité à votre enfant.

2 Demandez-lui de s'asseoir à moins de 2 mètres des quilles et invitez-le à lancer la balle pour les faire tomber. Vous permettez ainsi à votre enfant de satisfaire un besoin qui vient compenser un interdit : celui de jeter !

3 Lorsqu'il aura abattu toutes les quilles, aidez-le à les remettre debout. Puis, invitez-le à s'en éloigner progressivement. Faites-lui remarquer que plus il s'éloigne, plus les quilles sont difficiles à atteindre. Il devra donc adapter la force de son lancer.

4 Félicitez-le et encouragez-le à se dépasser !

Variante **12 mois et +**

Chamboule-tout
Proposez aux plus jeunes enfants un jeu de « chamboule-tout ». Recyclez quelques canettes ou boîtes de conserve de même taille et montez-les en pyramide. Puis, invitez votre enfant à s'asseoir et à la démolir en lançant une balle. Pour un joli jeu à conserver, obstruez les trous des canettes avec de l'adhésif et recouvrez celles-ci de papier cadeau.

dès 2 ans

durée : 20 min et +

Un délicieux petit-déjeuner

Le dimanche matin, pour un réveil tout en douceur, partagez un moment convivial avec votre enfant. Tout le monde peut mettre la main à la pâte, même les plus petits ! C'est avec beaucoup de fierté que votre bout de chou vous montrera tout ce qu'il sait faire pour vous aider à préparer le petit-déjeuner !

Matériel
Tout le nécessaire pour un bon petit-déjeuner

Activité

1 Expliquez à votre enfant qu'il peut vous aider à préparer le petit-déjeuner.

2 Confiez-lui quelques tâches qu'il est en mesure d'accomplir : par exemple, tartiner le pain avec de la confiture, verser (avec votre aide) le jus d'orange dans les verres, ajouter le sucre dans le café, placer les croissants dans une assiette, etc.

3 Valorisez ses initiatives : « *Tu beurres très bien les tartines ! Bravo !* »

4 Aidez-le à déposer tous les éléments sur la table.

Variante

22 mois et +

Écosser des petits pois
Votre tout-petit peut aussi participer à la préparation des repas. Proposez-lui de vous aider et invitez-le à se laver les mains. Puis, présentez-lui une cosse en lui chuchotant que des petits pois se cachent à l'intérieur. Heureux d'être dans la confidence, votre enfant sera fier de mettre ses compétences motrices au service de sa famille. Vous pouvez réitérer l'expérience en l'invitant à équeuter des haricots verts.

dès 18 mois   **durée : 15 min**

M. Doudou sent mauvais

Doudou est apaisant et rassurant... mais comme il traîne partout, il devient vite sale ! M. Doudou aussi aimerait être propre et sentir bon. Une petite histoire pour aider votre enfant à se séparer de sa peluche, le temps d'une lessive !

Activité

1 Racontez à votre enfant l'histoire de M. Doudou et expliquez que tout comme lui, ses peluches ont envie d'être propres.

2 Proposez-lui de placer son doudou et quelques autres peluches dans le tambour pour qu'ils puissent s'amuser ensemble. Précisez-lui que la machine à laver ne sert qu'à nettoyer les vêtements et les peluches, et qu'il est interdit de l'utiliser sans la présence d'un adulte.

3 Aidez-le à verser la lessive, à refermer la porte, puis à appuyer sur le bouton pour débuter un cycle de lavage.

4 Si son doudou lui manque, détournez son attention en mettant en scène les autres peluches qui demandent : « *Où est M. Doudou ? Au marché ?* »

5 Lorsque le cycle est terminé, faites-lui sentir son doudou en lui expliquant que M. Doudou est content de sentir bon.

M. Doudou sent mauvais

Ce matin-là, M. Doudou était triste, car toutes les peluches de la chambre se moquaient de son odeur repoussante et personne ne voulait jouer avec lui ! « *Beurk, va-t'en !* », « *Tu sens trop mauvais !* », « *Tu es sale !* », ricanaient-ils.
La nuit venue, alors que toutes les peluches dormaient, il quitta son lit, prit son savon et grimpa dans la machine pour se laver. En sortant, il sentait bon le propre. Vite, il réveilla ses amis... « *Mmm ! Comme tu sens bon, lui glissa Mme Ourse à l'oreille, moi aussi je vais aller faire un brin de toilette !* »

Variante **1 mois et +**

Doudou de secours !
Comme il est plus difficile d'impliquer les plus petits, il vaut mieux avoir son doudou en double. Cela évite les mini-tragédies en cas de lavage... ou de perte !

Conseil

Ne lavez jamais le doudou sans l'accord de votre enfant. Il est important d'obtenir son autorisation et de le responsabiliser en lui demandant d'en prendre soin.

dès 2 ans · **durée : 5 min**

Sacrée tétine !

Votre enfant est un accro de la « tutute » et loue les bienfaits de ce petit bout de caoutchouc qui lui apporte un immense réconfort. Il la mâchouille à longueur de journée et refuse de s'en séparer... à votre grand désespoir, car vous ne comprenez pas un mot de ce qu'il raconte ! Voici un petit jeu de rôle pour qu'il accepte enfin de s'en séparer.

Matériel
Une tétine (pour vous)

Activité

1 Dès que votre enfant s'adresse à vous, plongez systématiquement la tétine dans votre bouche pour répondre à ses sollicitations. Au début, il trouvera ce petit jeu amusant, mais il se lassera bien vite de ne pas pouvoir vous comprendre.

2 Bientôt, il vous demandera même de retirer votre tétine pour vous exprimer correctement.

3 Profitez-en pour lui expliquer qu'il devrait en faire autant, car il est très désagréable de ne pas pouvoir le comprendre.

Variante · **18 mois et +**

Un peu d'astuce !
Plusieurs méthodes ont fait leurs preuves pour inciter les enfants à abandonner leur tétine ou à s'en séparer un peu. Inspirez-vous de celles-ci, pour trouver celle qui fera effet sur votre bout de chou. *« La tétine est usée. Ne veux-tu pas la laisser un peu pour qu'elle puisse se reposer ? »*, *« Veux-tu offrir ta tétine au Père Noël pour le remercier de sa gentillesse ? »* Rassurez-vous, en grandissant les enfants se débarrassent spontanément de leur tétine : *« Ça y est, je suis grand et les tétines, c'est pour les bébés ! »*

115

Manque de pot pour le lièvre !

dès 2 ans et ½

durée : 15 min et +

Rien ne sert de courir, il faut partir à point ! L'apprentissage de la propreté est une étape importante qui requiert un peu de temps et beaucoup de compréhension. Lorsque vous sentez votre enfant prêt, incitez-le à retirer sa couche de lui-même. Une petite histoire et une activité motrice peuvent suffire à lui montrer les avantages qu'il y a à devenir grand !

À savoir

Même lorsqu'ils se débarrassent de leur couche, certains enfants demandent parfois à la remettre pour déféquer. Comportement intriguant... mais tout à fait normal ! Aux yeux de l'enfant, les excréments font partie intégrante de sa personne. Il lui est difficile d'accepter que ce bout de lui-même parte dans les toilettes. Soyez compréhensif, cela passe avec le temps !

Activité

1 Racontez l'histoire ci-contre en invitant votre enfant à réagir, à émettre des hypothèses : « *Et toi, sais-tu pourquoi le lièvre court plus vite que la tortue ?* »

2 Puis, proposez-lui d'aller au parc pour faire la course avec vous. (Veillez à ce que cette sortie ne soit pas trop longue pour éviter les accidents.) Stimulez son imagination en lui expliquant que vous ferez le lièvre et lui, la tortue.

3 Avant de quitter la maison, suggérez-lui de retirer sa couche comme la tortue et de mettre une culotte. Rassurez-le : « *Ne t'inquiète pas, tu pourras toujours aller sur le pot ou redemander une couche en rentrant.* »

4 S'il accepte de la retirer, faites en sorte qu'il gagne la course en le valorisant : « *Tu cours beaucoup plus vite sans couche !* » S'il refuse, mettez en avant le fait qu'il sera moins rapide en portant une couche.

Une grande victoire

C'est bien connu : le lièvre est rapide et la tortue... un peu lente ! La tortue ne comprenait vraiment pas pourquoi elle perdait ses courses contre le lièvre !

Un matin, elle se rendit chez le lièvre pour lui demander son secret : « *Pourquoi es-tu plus rapide que moi ? Portes-tu des baskets magiques ?* » Le lièvre répondit, un peu moqueur : « *Je suis plus rapide que toi, parce que je n'ai pas de couche pour me ralentir !* » En effet, la tortue portait une couche et avait un peu peur de la retirer. Mais, elle réalisa qu'il était temps pour elle de s'en débarrasser : si le lièvre avait réussi à s'en passer, pourquoi ne réussirait-elle pas ? Et puis, peut-être qu'ainsi, elle gagnerait la course, cette fois !
Le lendemain, la tortue retira sa couche et enfila une belle culotte. Elle retrouva le lièvre au parc pour une nouvelle course. 1, 2, 3... Partez ! La tortue fila à toute allure. Elle se sentait si légère sans couche. Lorsqu'elle franchit la ligne d'arrivée, elle s'écria gaiement : « *Hourra ! Quel plaisir de devenir grande !* »

La petite tortue était si fière d'avoir remporté cette victoire qu'elle ne remit plus jamais sa couche ! Elle irait désormais sur le pot ou les toilettes, comme les grands.

dès 22 mois

durée : 15 min

Quelle journée !

Pour un enfant, il est difficile de se souvenir dans quel ordre se sont déroulés des événements. Une activité de mime amusante peut lui permettre de se remémorer ses actions quotidiennes pour l'aider à mieux prendre conscience de la notion de temps.

Activité

1 Habillez-vous, vous et votre enfant, de vêtements confortables. Installez-vous dans un endroit calme (sa chambre, par exemple) et, si vous le souhaitez, mettez une musique douce en fond sonore.

2 Expliquez l'activité à votre enfant : demandez-lui de mimer successivement ces petites saynètes. Accompagnez-le dans ce jeu.

Le sommeil : tu es dans ton lit et tu dors paisiblement, les yeux fermés. Comme c'est agréable ! (*L'enfant doit maintenir cette position 10 secondes.*)

Le réveil : tu sors de ton lit et tu t'étires doucement en levant les mains vers le ciel pour saluer le soleil. Tu n'es pas tout à fait réveillé encore : tu bâilles (*bâiller bruyamment*).

Le petit câlin du matin : ce matin, tu as très envie d'un câlin. Tu serres fort ton doudou et lui fais un gros bisou (*faire deux « SMAC ! » bruyant avec la bouche*).

Miam... le petit-déjeuner : je t'ai préparé un bol de lait chocolaté. Aïe ! Le lait est brûlant ! Tu souffles doucement dessus pour le refroidir (*faire les gestes correspondants*). Pendant que le lait refroidit, tu dévores une tartine de confiture (*mimer la mâchoire qui s'ouvre et se referme*).

Tu t'habilles : tu enfiles ta culotte et ton pantalon... un pied à la fois (*faire les gestes correspondants*). Puis tu mets un pull : Oh ! La tête a du mal à passer ! (*Mimer la difficulté à enfiler le pull.*)

Conseil

Continuez ainsi le déroulement de la journée : le départ pour la crèche, le bain, le dîner en famille, le coucher. N'hésitez pas à adapter cette petite mise en scène à vos habitudes de vie !

dès 2 ans

durée : 15 min et +

Voyage imaginaire

Grimpez à bord du nuage magique ! Stimulez l'imagination de votre petit le temps d'un fabuleux voyage. Un rêve éveillé peut être l'occasion de lui apprendre le vocabulaire spatial.

Matériel
Oreillers

Préparation
Disposez les oreillers au sol.

Activité

1 Installez-vous sur les oreillers et demandez à votre enfant de s'asseoir à vos côtés. Invitez-le à imaginer qu'il se trouve sur un nuage magique à destination d'un pays fantastique.

2 Puis, commencez à lui raconter l'histoire. Jouez sur l'intonation et les mouvements du corps (balancements, soubresauts...) pour donner du relief au voyage.

Le nuage magique

Monte avec moi sur le nuage magique. Un peu de poudre de fée et hop, le nuage décolle ! (*Soufflez sur votre main comme si elle contenait la poudre.*) Accroche-toi !

Waouh ! Tu vois tous ces grands immeubles. Penche-toi à **gauche**, puis à **droite**, pour les éviter. (*Inclinez votre corps d'un côté puis de l'autre.*) Regarde **au-dessus** de nous, les hirondelles jouent à cache-cache ! Bonjour les hirondelles ! (*Regardez vers le haut et saluez les oiseaux.*)

Nous voilà maintenant à la campagne. Regarde **derrière** toi, les vaches ressemblent à de minuscules fourmis ! Tu les entends ? Elles nous disent au revoir en criant « meuuhhh ». (*Regardez derrière vous et faites un geste pour dire au revoir aux vaches.*)

Oh ! Nous voilà au-dessus de l'océan ! Regarde **en bas**, un dauphin nous salue ! Bonjour M. le dauphin ! (*Regardez vers le bas et faites un geste pour saluer le dauphin.*)

Et là-bas, aperçois-tu le magnifique château juste **devant** nous ? (*Pointez le doigt devant vous.*) Allons-y ! Regarde, les petits lutins nous souhaitent la bienvenue ! Accroche-toi, nous allons atterrir.

Conseil

Appropriez-vous l'histoire. N'hésitez pas à ajouter de nouveaux détails au gré de votre imagination (se lever pour cueillir une pomme devant soi, etc.).

dès 2 ans et ½

durée : 15 min

Les loups échappés du zoo

L'alerte a été donnée ! Deux méchants loups, « Kinou » et « Kinoto », se sont échappés du zoo et sèment la terreur dans le quartier. À travers une séance de dessin, votre petit chasseur va remettre ces vilains loups en cage en traçant des lignes sur sa feuille. Une activité ludique pour apprendre les notions d'horizontalité et de verticalité.

Matériel

2 images de loup à imprimer
2 feuilles blanches
Colle en bidon
2 feutres
Nappe plastifiée

Préparation

Découpez et collez un loup sur chacune des feuilles. Protégez la table avec la nappe et posez le matériel à la disposition de l'enfant.

Activité

1 Expliquez à votre enfant que deux loups se sont échappés du zoo et qu'il peut les remettre en cage grâce à son feutre.

2 Encouragez-le à observer la feuille : « *Voici le haut de la feuille et voici le bas...* ».

3 Invitez-le à s'armer de son feutre pour partir à la chasse au loup. Faites-lui une démonstration en remettant « Kinoto » en cage : pour cela, tracez des lignes verticales sur l'ensemble de la feuille.

4 Puis demandez-lui de faire de même pour remettre « Kinou » en cage. Utilisez un vocabulaire spatial adapté : « *Tu dois partir du haut de la feuille et redescendre vers le bas pour dessiner un barreau.* »

5 Continuez : « *Kinou est très en colère d'avoir été attrapé, il vaudrait mieux renforcer sa cage en ajoutant des barreaux horizontaux...* ». Montrez-lui comment il doit procéder : « *Tu vas de la gauche vers la droite* ».

6 Une fois que votre enfant a terminé, félicitez-le, car il vient de sauver les habitants du quartier ! Puis rangez ensemble le matériel.

dès 3 ans

durée : 15 min et +

Remettre de l'ordre dans le temps

Votre tout-petit n'a pas encore conscience de la notion complexe du temps qui passe et ne sait pas que tous les êtres vivants changent au cours de leur vie. En s'amusant à classer les photos de Mamie dans l'ordre chronologique, il comprendra progressivement que tous les bébés grandissent et deviennent des adultes !

Matériel
4 photos de sa grand-mère (ou de son grand-père) à différentes périodes de sa vie (bébé, jeune enfant, adulte, à l'âge actuel)
Papiers cartonnés de couleur
Ciseaux
Colle en bidon
Adhésif plastifié

Préparation
Collez les photos sur des feuilles de couleur et plastifiez-les pour les protéger.

Activité

1 Installez-vous avec votre enfant autour d'une table et présentez-lui les photos.

2 Invitez-le à manipuler les images et demandez-lui de décrire ce qu'il voit. Expliquez-lui qu'il s'agit de photos de sa grand-mère prises à différents moments de sa vie. Il portera sans doute son attention sur la plus récente.

3 Puis, demandez-lui de classer les images en les mettant dans l'ordre chronologique. Guidez son approche, car il lui sera difficile d'organiser ses idées : « *Au tout début, lorsque nous naissons, nous sommes tous des... ?* », « *À quoi ressemble Mamie aujourd'hui ?* »...

4 Utilisez un vocabulaire temporel adapté pour lui apprendre à se repérer dans le temps : « *Aujourd'hui mamie a un certain âge, mais dans le passé, c'était un bébé* ».

5 Profitez-en pour lui expliquer qu'il grandit : il n'est plus un bébé et un jour, lui aussi deviendra un adulte.

Variante **2 ans et +**

Une activité qui donne la banane !
Demandez à votre enfant de manger une banane et prenez 4 photos du fruit à diverses étapes du grignotage. Imprimez les photos et invitez votre enfant à les remettre dans l'ordre chronologique en guidant sa réflexion : « *Que fait-on avant de croquer la banane ?* »

Trier les formes et les couleurs

En grandissant les enfants sont de plus en plus attirés par les jeux de réflexion. Exercez les capacités d'observation et de raisonnement de votre petit en l'invitant à classer des éléments découpés, par couleur ou par forme.

Matériel

3 feuilles épaisses de papier de couleur : rouge, bleu et jaune
Ciseaux
4 boîtes de tri

Préparation

Découpez 1 rond, 1 triangle, 1 carré et 1 étoile dans chacune des feuilles. Aménagez l'espace avec le matériel : disposez les boîtes et les éléments en papier sur une table.

Activité

1 Expliquez l'activité à votre enfant.

2 Invitez-le à observer tous les éléments en papier et à les manipuler pour repérer les différentes couleurs et formes. N'hésitez pas à intervenir : « *As-tu remarqué qu'il y a plusieurs couleurs et plusieurs formes ?* »

3 Dans un premier temps, encouragez-le à trier les éléments par couleur. S'il hésite ou s'il se trompe, guidez-le : « En es-tu sûr ? *Cette étoile est-elle bleue comme ce rond ?* » Félicitez-le lorsqu'il réussit.

4 Ensuite, demandez-lui de les trier selon leur forme, en faisant abstraction des couleurs : « *Peux-tu me donner toutes les étoiles ?* » Encouragez-le en guidant sa réflexion : « *Ces 2 éléments ont-ils la même forme ? Regarde bien !* »

Variante

2 ans et ½ et +

Qui se ressemble ne s'assemble pas forcément !

Lorsque votre enfant se sera familiarisé avec les formes géométriques de base, augmentez la difficulté en lui proposant de trier des éléments de même couleur présentant une apparence similaire : carré, rectangle, losange, trapèze. S'il éprouve des difficultés, demandez-lui de les superposer pour vérifier si elles ont bien la même forme.

dès 2 ans et ½ **durée : 15 min**

Prénom à toucher

À la maternelle, on demandera à votre enfant de savoir reconnaître son prénom. En écrivant ce dernier avec différentes matières, vous offrez à votre bout de chou une première approche sensorielle de l'écriture. De façon ludique, il apprendra à reconnaître les lettres qui composent son prénom.

Matériel
Matières diverses : éponge, molleton, laine, etc.
Papiers cartonnés de couleur (17 x 17 cm)
Colle en bidon
Ciseaux

Préparation
Découpez les lettres capitales du prénom de votre enfant en utilisant les différentes matières. Collez-les sur les papiers cartonnés de couleur.

Activité

1 Disposez les lettres de façon à écrire le prénom de votre enfant et invitez votre petit à les toucher.

2 Nommez les lettres pour aider votre enfant à les identifier visuellement.

3 Invitez-le à passer lentement ses doigts sur chacune des lettres pour lui permettre de mémoriser les tracés.

4 Enfin, disposez ces lettres dans le désordre et aidez votre enfant à les remettre dans l'ordre.

Variante **3 ans et +**

Son prénom en relief
Sur une feuille de papier cartonné, écrivez le prénom de votre enfant en lettres capitales avec de la colle en bidon, tout en expliquant à votre bout de chou ce que vous faites. Puis, invitez-le à coller des cotillons sur les chemins de colle. Il devra solliciter sa mémoire visuelle et se souvenir du tracé des lettres.

dès 2 ans

durée : 20 min

Tout le contraire !

L'histoire « La marmotte et le pot de confiture » permet de préparer l'activité en amont. Un ours brun a dérobé un pot de confiture dans la cuisine et votre enfant devra sauter tous les obstacles sur son passage pour tenter de le récupérer. À travers cette séance de motricité, il va traverser des épreuves qui vont lui permettre de se familiariser avec la notion de « contraire ».

Matériel
1 pot de confiture vide et 1 pot plein
1 drap
1 cerceau
Une casserole
Une cuillère en bois

Préparation
Aménagez l'espace : placez le drap au sol (symbolisant la rivière) et le cerceau (symbolisant le tronc d'arbre).

Activité

1 Expliquez l'activité à votre enfant : pendant que vous raconterez l'histoire, il devra jouer le rôle de la marmotte.

2 À la fin de l'activité, insistez sur les valeurs contraires : à l'aller, votre enfant est passé **au-dessus** du drap, au retour **en dessous** ; il a dû sauter **dans** le cerceau, puis **hors** du cerceau ; enfin, il a échangé le pot **plein** contre le pot **vide**.

3 Pour qu'il intègre mieux ces notions, faites-lui recommencer ces actions : « *Passe sous le drap. Et maintenant, montre-moi l'action contraire.* »

La marmotte et le pot de confiture

En rentrant du parc, la marmotte est impatiente de dévorer une bonne tartine. Mais... Oh ! Le pot de confiture a disparu ! Un gourmand le lui a dérobé ! La petite marmotte décide de suivre les traces laissées par le voleur.

Après plusieurs minutes de course, elle saute par-dessus une toute petite rivière. *(Invitez votre enfant à sauter par-dessus le drap. Au besoin, tenez-lui la main pour éviter les glissades.)*

Puis elle poursuit son chemin. Soudain, la pluie tombe à grosses gouttes. La marmotte se réfugie dans un tronc d'arbre et y reste jusqu'à ce que la pluie s'arrête. *(Lorsque vous tapoterez la cuillère sur la casserole, l'enfant devra sauter dans le cerceau et y rester jusqu'à ce que vous cessiez.)*

La pluie a cessé, la marmotte reprend la route et arrive devant une grotte. Un gros ours dort, le pot de confiture entre ses pattes. La petite marmotte s'approche à petits pas. Elle saisit doucement le pot qu'elle remplace par un pot vide qui était à côté de l'ours. *(Tenez le rôle de l'ours. Faites semblant de dormir, le pot entre vos mains. Si l'enfant fait du bruit, réveillez-vous en le couvrant de bisous. Sinon, laissez-le prendre le pot.)*

Fière de son tour de passe-passe, la marmotte rentre chez elle. À cause de la pluie, la rivière est devenue grande. Impossible de sauter par-dessus ! La petite marmotte plonge pour atteindre l'autre rive. *(Demandez à l'enfant de passer sous le drap.)*

Une fois rentrée, elle se prépare une tartine de confiture bien méritée.

Idées minute

2 ans et +

Gourmandises géométriques

Préparez avec votre enfant de délicieux sablés de formes géométriques diverses. De façon détournée, il apprendra à différencier les formes de base. En ajoutant un glaçage teinté avec du colorant alimentaire, il appréciera aussi de jouer avec les couleurs.

2 ans et +

Habille-toi vite !

Chaque matin est une course contre la montre, car votre enfant manifeste fermement sa volonté de s'habiller seul. Plutôt que de l'implorer de se dépêcher, optez pour une astuce qui l'encouragera à se dépasser chaque jour. Chronométrez-le en l'encourageant à s'habiller le plus vite possible et félicitez-le pour sa rapidité ! Il sera fier de sa prouesse et vous demandera chaque matin s'il a été plus rapide.

18 mois et +

Pelle et balayette

Votre enfant fait parfois tomber des céréales ou des miettes par terre. Laissez à sa disposition une pelle et une balayette et invitez-le à ramasser « tout seul » pour réparer ses petites maladresses. Il sera ravi de vous montrer comment il manie avec dextérité ces deux outils.

2 ans et +

Faire la paire

Visser, dévisser... Les enfants adorent se livrer à cette activité. Regroupez 6 contenants (pots de confiture, à moutarde, bouteilles d'eau et de lait, etc.). Mettez-les à disposition de votre petit (les contenants d'un côté et les bouchons de l'autre) et invitez-le à les associer. Cette activité lui permet d'affiner son sens de l'observation et sa motricité fine.

2 ans et ½ et +

Un monde tout en nuance

Expliquez à votre enfant qu'il existe plusieurs nuances pour une seule et même couleur. Regroupez des objets de couleur verte, par exemple, et aidez-le à faire la distinction entre les différentes teintes en les nommant : vert clair, vert olive, vert foncé, kaki...

La chasse aux couleurs

2 ans et ½ et +

Nommez une couleur et invitez votre enfant à partir dans toute la maison pour dénicher un objet de cette teinte et vous le rapporter le plus rapidement possible !

Mon propre porte-manteau

18 mois et +

Pensez à installer à votre enfant un porte-manteau à sa hauteur pour lui permettre d'accrocher et de décrocher ses petites affaires « tout seul ». Cet aménagement simple l'aidera à devenir encore un peu plus autonome.

Se déplacer dans l'espace !

2 ans et +

Invitez votre enfant à se déplacer en respectant vos directives : « *marche en avant* », « *marche en arrière* », « *fais quelques pas de côté* », etc. Il devra se montrer très attentif et comprendre ce vocabulaire spatial pour s'orienter conformément aux instructions.

Appareiller les chaussettes

2 ans et +

Invitez votre enfant à appareiller les chaussettes de toute la famille. Il sera très fier de pouvoir vous aider et s'exercera sans s'en rendre compte à comparer les tailles, les formes et les couleurs.

Aide-moi à marcher tout seul

7 mois et +

Avant de se tenir debout et de pouvoir faire quelques pas, Bébé doit muscler son petit corps. Asseyez-vous au sol (jambes tendues) et installez-le à califourchon sur l'une de vos cuisses (en lui chantant une chanson, par exemple). Incitez-le à prendre appui sur ses pieds et à maintenir son équilibre. Il développera ainsi la musculature de ses jambes.

Crédits photographiques :
Couverture : © Éric Audras / Getty Images. P. 9 : © Laurence Monneret /
Getty Images. P. 33 : © Marcy Maloy / Getty Images. P. 57 : © Allen Donikowski /
Getty Images. P. 81 : © BLOOMimage / Getty Images. P. 105 : © Vanessa Davies / Getty Images.

Directeur de création :
Laurent Quellet

Direction artistique :
Armelle Riva, Julie Pauwels

Conception graphique et couverture :
Julie Pauwels

Mise en page :
Vanessa Paris

Direction éditoriale :
Guillaume Pô

Édition :
Christine Hooghe et Aurélie Vigne

Fabrication :
Thierry Dubus et Florence Bellot

© Fleurus Éditions, 2011
15/27, rue Moussorgski
75895 Paris Cedex 18

Dépôt légal : avril 2011
ISBN : 978-2-215-10278-6
MDS : 591348

6e édition : n° P14133
Décembre 2014

Photogravure : Amalthéa
Achevé d'imprimer en Slovénie par GPS Group.